STUDIEN ZUR HISTORISCHEN POETIK

Band 20

DIETMAR PESCHEL

Wie soll ich das verstehen?

Neun Vorträge
über Verstehen, Edieren, Übersetzen
mittelalterlicher Literatur

Universitätsverlag
WINTER
Heidelberg

Bibliografische Information der Deutschen Nationalbibliothek

Die Deutsche Nationalbibliothek verzeichnet diese Publikation
in der Deutschen Nationalbibliografie;
detaillierte bibliografische Daten sind im Internet
über *http://dnb.d-nb.de* abrufbar.

ISBN 978-3-8253-6488-5

Imprimé en Allemagne · Printed in Germany
Druck: Memminger MedienCentrum, 87700 Memmingen

Gedruckt auf umweltfreundlichem, chlorfrei gebleichtem
und alterungsbeständigem Papier

Den Verlag erreichen Sie im Internet unter:
www.winter-verlag.de

Meinen Freunden
Helmbrecht Breinig
Susanne Opfermann
Elisabeth Schmid
Ulrich Wyss

Inhalt

Epik
(Ringvorlesung 2003 »Einführung in die Literaturwissenschaft«) 1

Leser Text Autor
(Ringvorlesung 2004 »Einführung in die Literaturwissenschaft«) 13

Edition
(Ringvorlesung 2009 »Einführung in die Literaturwissenschaft«) 25

Hans Ried zu seinem Recht verhelfen.
Die Edition von *Otnit – Wolf Dietrich* A
mit Übersetzung und Kommentar 33

Verstehen, Edieren, Übersetzen
(Ringvorlesung 2011 »Einführung in die Literaturwissenschaft«) 47

Die Küchenpsychologie einer Königssohnerziehung
in *Wolf Dietrich* A 61

Edition. Zu Wolframs *Titurel*
(Ringvorlesung 2012 »Einführung in die Literaturwissenschaft«) 81

Herstellen, was gewesen sein könnte, oder hinnehmen,
was überliefert ist – Denkspiele zur Form einer Strophe
aus Frauenlobs *Unser Frauen Leich* 93

Bald trinkt der Schnee das Sonnenlicht.
Dunkelbunte Verse aufgeschrieben.
Kleine Beispiele aus Frauenlobs *Unser Frauen Leich* 105

Abkürzungsverzeichnis 121

Dank 123

Epik[1]

Uns ist in alten mæren wunders vil geseit
von helden lobebæren, von grôzer arebeit,
von fröuden, hôchgezîten, von weinen und von klagen,
von küener recken strîten muget ir nu wunder hœren sagen.[2]

Dies ist die erste Strophe des Nibelungen-Lieds, an dessen Namen sich die meisten von Ihnen bei den Stichwörtern ›Epik, episch, episches Erzählen‹ erinnern werden. Sie ist eine Einführung in die folgende Geschichte, ein Prolog, und, könnte man sagen, hat zugleich einen poetologischen, einen erzähltheoretischen Aspekt, indem sie über die Art des folgenden Erzählens selbst redet.

Mit den Wörtern einer verbreiteten Begrifflichkeit von epischem Erzählen könnte die Strophe unter dem poetologischen Aspekt etwa so übersetzt werden:

Uns ist in alten, mündlich überlieferten Epen viel Wunderbares und Erhabenes erzählt,
von besseren Menschen, als wir es sind, aus der Vergangenheit und ihren beispielhaften Taten, von tragischen Katastrophen,
von Freuden, rauschenden Festen, von Weinen und von Klagen,
von kühner Recken Kämpfen und Kriegen könnt ihr jetzt und hier Erstaunliches von zeitübergreifender Gültigkeit erzählen hören.

Die Form einer erhabenen, gehobenen, feierlichen Sprache erklärt sich von selbst, denn der Text ist geverst und gereimt, in Versen mit Binnenreim und Endreim, einem hörbar beabsichtigten Rhythmus als Strophen organisiert, die daran erkennbar sind, daß jeder vierte Vers, vortragsmusikalisch gesprochen,

[1] Stets leicht veränderter Vortrag in den Ringvorlesungen »Einführung in die Literaturwissenschaft«, Wintersemester 2003/2004 am 25. November 2003, 2004/05 am 16. November 2004, 2005/06 am 22. November 2005, 2006/07 am 14. November 2006.

[2] *Das Nibelungenlied*, nach der Ausgabe von Karl Bartsch herausgegeben von Helmut de Boor †, einundzwanzigste revidierte und von Roswitha Wisnewski ergänzte Auflage, Wiesbaden (F. A. Brockhaus) 1979.

einen zusätzlichen Takt zum Abschluß enthält. Die Strophe hat sich und den von ihr eingeleiteten Text der Gattung Epos zugeordnet.

Wenn ich die Strophe ohne Epik-Begrifflichkeit auf neuhochdeutsch zu verstehen versuche, dann steht da:

> Uns ist in alten Geschichten viel Erstaunliches gesagt
> von Helden, hochgelobt, von großer Anstrengung und Mühsal,
> von Freuden, Festlichkeiten, von Weinen und von Klagen,
> von kühner Recken Kämpfen habt ihr jetzt die Möglichkeit, Erstaunliches sagen zu hören.

Damit sind wir näher am Text, wie es scheint, aber fast zu jedem Wort stellt sich eine Frage ein. Was sind alte Geschichten? Wie alt sind sie? Was ist das Erstaunliche? Was sind Helden? Worin besteht ihr hohes Lob? Welche Anstrengung und Mühsal? Welche Freuden, Feste? Worüber wird geweint und geklagt? Was sind Recken, kühne Recken? Die selben wie die Helden? Worum bekriegen sie wen? Es wird wohl nichts übrig bleiben, als den Text zu lesen. Es steht zu erwarten, daß wir erfahren werden, was in der Einführungsstrophe gemeint ist. Vielleicht werden wir auch lesen, ob uns die alten Geschichten in der hier gesagten rekapituliert werden, oder ob der Autor nur andeuten wollte, daß er nicht etwas erfunden hat, sondern Bekanntes oder weniger Bekanntes, jedenfalls schon mal Erzähltes, neu erzählt – tatsächlich, es gibt Andeutungen und Anzeichen, daß man einige Motive und Partien schon gehört haben kann; was der Autor freilich auch hat fingieren können, auch wenn es zur Selbstbehauptung eines mittelalterlichen Autors gehört, daß er zwar ›ich‹ und ›wir‹ sagen kann, aber sich selbst nicht den Erfinder eines Textes nennt, sondern den Finder (das provenzalische und das französische Wort dafür ist *trobador* und *trouvère*), der sich streng an eine Vorlage oder Tradition hält – und wenn er sie zu diesem Zweck selbst erfindet, wie etwa Wolfram von Eschenbach um 1200.[3]

Die »alten Geschichten« waren für die Germanistik die Crux, im Sinne von: Es is a Kreiz! Denn dummerweise sind vor dieser Geschichte hier keine direkt vergleichbaren überliefert. Selbst Menschen, die die Weltgeschichte mit Gottes Schöpfung beginnen lassen, wissen, daß innerhalb der Weltgeschichte alles, was ist, seine historischen Vorläufer hat. Und wenn wir heute den (den!)

[3] Vgl. ULRICH WYSS, *Fiktionalität heldenepisch und arthurisch*, in: Fiktionalität im Artusroman. Dritte Tagung der Deutschen Sektion der Internationalen Artusgesellschaft in Berlin vom 13.–15. Februar 1992, herausgegeben von VOLKER MERTENS und FRIEDRICH WOLFZETTEL unter Mitarbeit von MATTHIAS MEYER und HANS-JOCHEN SCHIEWER, Tübingen (Max Niemeyer) 1993, S. 242–256.

Urknall an den Beginn des Universums denken, so kann ich jedenfalls mir die Frage nicht verhindern, was vor dem Urknall war. Geschichten haben ihre Geschichte, als Stoff, als Komposition, als Inhalts- und als Formmuster. So wohl auch alle mittelalterliche Epik. Aber, so behauptet der gelehrte Otfrid aus dem rheinfränkischen Kloster Weißenburg im letzten Drittel des 9. Jahrhunderts: »(Unsere Landsleute ...) überliefern nicht, wie viele andere Völker, die Geschichte der eigenen Vorfahren der Nachwelt, und sie verherrlichen auch nicht deren Taten und Leben in liebevoller Bewunderung ihres verdienten Ruhms.«[4]

Daß wir *Das Nibelungenlied* in drei Fassungen auf den Pergamenten stehen haben, die so weit verschieden sind, daß man sie nicht überall unter einen interpretatorischen Hut kriegt, beweist – wenn man wie ein ordentlicher philologischer Tatort-Kommissar denkt, nicht, daß *Das Nibelungenlied* seit je in aller Munde war, sondern nur, daß um 1200 und kurz danach drei verschiedene Redakteure am Stoff-Wirken waren – weil mit den plötzlichen Auf- oder Abschreibeaufträgen eben nicht alles seit alters klar und geregelt war, wie nämlich der Stoff zu erzählen sei.

Die eine der vollständigen Fassungen in einer Handschrift aus der ersten Hälfte des dreizehnten Jahrhunderts hat als Überschrift oder Titel über dem Text, mit einem französischen Lehnwort: *Aventiure von den Nibelungen*,[5] Zugekommenes, Zugestoßenes von den Nibelungen. Der Text endet in der letzten Zeile der letzten Strophe mit: *hie hat daz mære ein ende daz ist der Nibelunge liet.*[6] Das mittelhochdeutsche Wort *liet* kann heißen: Strophe, mehrere Strophen eines zu einer Melodie zu singenden Gedichts, und hier meint es offenbar den ganzen Text; wiederum, denke ich, nach französischem Vorbild für Erzählungen, die sich mit der Geschichte des Römischen Reichs der Franken beschäftigen: *chanson*. Das Nachdichten von Geschichte und Geschichten von Göttern und Halbgöttern und bemerkenswerten, merkenswerten Menschen wurde schon immer mit bevorzugten Wörtern für das Reden in einer feierlichen Form und einem feierlichen Ton bezeichnet, in dem die Sprache

[4] ... quippe qui nec historias suorum antecessorum, ut multae gentes caeterae, commendant memoriae, nec eorum gesta vel vitam ornant dignitatis amore. Vgl. OTFRID VON WEISSENBURG, *Evangelienbuch*, Auswahl, Althochdeutsch/Neuhochdeutsch, herausgegeben, übersetzt und kommentiert von GISELA VOLLMANN-PROFE, Stuttgart (Philipp Reclam jun.) 1987, S. 24/25 (lateinischer Text: Zeile 116–118).

[5] *Der Nibelunge Liet und diu Klage.* Die Donaueschinger Handschrift 63 [Laßberg 174], mit einem forschungsgeschichtlichen Beitrag zu ihrer Bedeutung für die Überlieferung und Textgeschichte des Epos herausgegeben von WERNER SCHRÖDER, Köln/Wien (Böhlau) 1969, hier: fol. 1^r.

[6] Sieh vorher Anm. 5, fol 89^r.

zurechtgemacht wird (ποιεῖν) – : im Griechischen zum Beispiel *epos* (das gesprochene Wort), im Lateinischen *carmen*, das zu *canere* gehört und zu *cantare*; das Epos des Homer-Verehrers Vergil (70–19 v. u. Z., bis heute seinerseits hochverehrt), *Aeneis* genannt, in dem erzählt wird – wie schon jahrhundertelang vorher und dann jahrhundertelang nachher – wie Aeneas aus dem umkämpften Troja entkommt und über Umwege Italien erreicht und das Land der Latiner erobert, beginnt: *arma virumque cano* – Waffentaten und den Mann besinge ich, oder noch wörtlicher: Waffen und den Mann singe ich, worin die Gemachtheit, die Fiktionalität des Kommenden versteckt ist.

In der selben Handschrift, unmittelbar nach *der Nibelunge liet*, steht ein immer dazugehöriger Text, der überschrieben ist: *Von Der Klage*, und dessen ersten beiden Verse lauten: *Hie hebt sich ein mære daz ist vil redebære*[7] (Hier hebt an eine Geschichte, die ist – oje, wie denn? – überaus sagenswert? beredenswert? voll von Sagenswertem? die Fülle der Rede?); darin wird in fünfeinhalb Hunderten solcher Verse, von denen immer zwei aufeinander reimen, weshalb sie Paarreimverse oder Reimpaarverse heißen, das Nibelungenlied nacherzählt, von der Heirat des Königssohns Siegfried und der Burgunder-Prinzessin Kriemhild bis zur Ausrottung aller Burgunden oder Nibelungen im Hunnenreich, wo Kriemhild nach der Ermordung Siegfrieds den König Etzel geheiratet hat, und wohin sie ihre königlichen Brüder und deren gesamte Ritterschaft gelockt hatte; dann kommen fast zweitausend Verse Totenklage und eine tröstliche Zukunftsperspektive, in der der Burgunderprinz der nächsten Generation die Herrschaft übernimmt. Die einzigen beiden Kämpfer, die den Hunnenkrieg überlebt haben, Fürst Dietrich und sein Waffenmeister Hildebrand, kehren nach Verona (mittelhochdeutsch *Bern*) zurück. Zum Schluß heißt es:

Von Pazowe der bisschof Pilgerin
dvrch liebe der neven sin
hiez schriben dizze mære
wie ez ergangen wære
In Latinischen bustaben
ob ez iemen fvr lvge wolde haben
daz er die wareheit hie fvnde
von der alrersten stvnde
wie ez sich hvop und mans began
vnd wie ez ende sit gewan
vmbe der gvoten knehte tot
und wie si alle gelagen tot
daz hiez er allez schriben,

[7] fol. 89^{r}.

ern liez es niht beliben
wan im seit der videlære
div chvntlichen mære
wiez ergie vnd ovch geschach
wande erz allez ansach
er und manic ander man
daz mære prvfen do began
sin schribære meister chvnrat
getihtet manig ez sit hat
vil dicke in tvschær zvngen
daz die alten mit den ivngen
erchennent wol daz mære
Von ir frevden noch von ir swære
ich iv nv niht mere hie sage
Dizze liet haizet div K L A G E [8]

Der Bischof von Passau, Pilgerin –
seinen Neffen oder sonstigen Verwandten zuliebe –
hieß diese Geschichte schreiben,
wie es vor sich gegangen wäre,
in lateinischen Buchstaben,
für den Fall, daß es jemand für erfunden und erlogen halten wollte,
daß er die Wahrheit hier fände,
von der allerersten Stunde an,
wie es anhob und wie mans anfing
und wie es dann sein Ende fand,
über den Tod dieser guten Ritter
und wie sie alle tot niedergestreckt wurden –
das hieß er alles schreiben,
ja, er bestand darauf,
denn ihm hatte der Fiedelspieler gesagt
diese bekannten Geschichten,
wie es zuging und auch wie es geschah,
weil er alles mit angesehen hatte,
er und manch anderer Mann.
Darauf begann die Geschichte zu bearbeiten
sein Schreiber, Magister Konrad.
Mancher hat sie seitdem, immer und immer wieder,
gedichtet in deutscher Zunge,
auf daß die Alten mitsamt den Jungen
die Geschichte recht kennenlernen.
Von ihren Freuden und von ihrer Last
sage ich euch hier nun nichts mehr.
Dieses Lied heißt die K L A G E.

[8] fol. 114^{v} (4400–4427). *er*-Kürzel, Nasalstriche und mit Diakritikum geschriebene Diphthonge sind von mir aufgelöst, die Reimpunkte weggelassen. Meine Übersetzung.

Ob der Bischof Pilgerin echt ist, ist umstritten bis zweifelhaft. Er kommt im Nibelungenlied als Oheim von Kriemhild vor; auch ihm kommt zu Ohren, daß Kriemhilds Brüder mit ihren Mannen die Schwester im Hunnenreich besuchen wollen: *dem bischofe Pilgerîme wart ouch das mære bekant* (1495,4), was hier heißt: auch der Bischof bekam die Nachricht, denn ›Nachricht, Information, was in unserer heutigen Zeitung stehen könnte‹ ist die erste Bedeutung von *mære*. Aus dem Zusammenhang gerissen, nur in Erinnerung, klingt der Vers wie: dem war die Geschichte bekannt geworden. Der *videlære* muß der Spielmann Swemmel sein, von dem die Klage erzählt, daß er auch übriggeblieben sei – damit er als vom Autor erzählter Erzähler den Katastrophenbericht verbreiten könnte. Wir können aber auch an den Krieger-Sänger Volker von Alzey aus dem Nibelungenlied denken, obwohl der im Nibelungenlied zu Tode gekommen ist, denn daß eine Hauptfigur aus einer Geschichte in der Geschichte ihre eigene Geschichte als längeres Strophenlied oder als Kurzgeschichte, die weit bekannt ist, erfindet, kennen wir aus dem Tristanroman des Gotfrid von Straßburg, der in etwa der selben Zeit entstanden ist.

Der Schluß der Klage sagt uns, was es mit ihrer eigenen Poetik, Dichtungstheorie, und Geschichte, Literaturgeschichte, auf sich hat: Ein vermögender geistlicher Herr läßt eine Geschichte von seinem gelehrten, also mindestens lese- und schreibkundigen Kanzlisten schreiben oder aufschreiben, zunächst für ihm nahe Menschen. Die Niederschrift soll nicht ungeprüft vor sich gehen, soll so aussehen, daß man sie nicht für geradezu erlogen hält. Gewährsmann des Inhalts ist ein Augenzeuge des Geschehens, der nicht der einzige ist. Was er berichtet, sind, bei aller Authentizität, weitbekannte Geschichten. Ein Spiel mit Wahrheit und Fiktionalität scheint mir offensichtlich – die Wahrheit der Fiktion. Das Niedergeschriebene ist oft wiedergedichtet worden – nicht abgeschrieben, um von Generation zu Generation weitergereicht zu werden. So hat sich der Autor in eine Tradition gestellt und die Geschichte seiner Geschichte erzählt.

Er läßt seinen Pilgerin oder Pilgrim die Geschichte in lateinischen Buchstaben schreiben. Das tut nur ein bißchen altertümelnd und unbedarft, als wären wir noch in der Völkerwanderungszeit, als die von den Römern als ›Germanen‹ in einen Topf geschmissenen Völkerschaften das Römische Reich übernahmen und von den christlich-geistlich gebildeten Kulturverwaltern das Lesen oder Lesen und Schreiben lernten, als es tatsächlich einen Fürsten und König Theoderich/Dietrich gab (aber nicht in Verona). Welche Buchstaben kämen denn sonst in Frage? Es gab keine andern im Abendland. Da steckt ein leise auftrumpfendes Wider-den-Stachel-Löcken gegen die gesamteuropäische geistliche Latinität, die durchaus nicht nur wohlwollende Augen hatte auf Literatur in den Vulgär-, den Volkssprachen, den Sprachen, die nicht das Römische waren.

Der Autor spricht nur von den Buchstaben. Daß die sich zu Versen ordnen, oder, falls das Schreiben und Aufschreiben des vorhergehenden Nibelungenlieds gleich mitgemeint ist, die Verse auch noch zu Strophen, scheint ihm selbstverständlich zu sein. *versus*, gewendet, gerichtet, gehört zu *vertere*, heißt die Ackerfurche, die Linie, auch das Maß für einen Acker; im antiken Bild für die Dichtung sind *versus* die sorgfältig nebeneinandergelegten Furchen, nur daß der Pflug nicht gewendet, sondern für die nächste Furche zurückgetragen wird (das Bild stimmt aber nur, wenn wir uns die Verse auf einem Blatt umgebrochen, untereinandergeschrieben vorstellen, fürs Auge, nicht fürs Ohr). *pro versus*, oder zusammengezogen *prorsus*, oder dann auch *prosus* heißt ›vorwärts gerichtet‹; davon kommt ›Prosa‹: immer schlicht geradeaus, wie in schlecht formatierten e-mails, wo die Zeile mehrmals so lang ist wie der Bildschirm breit (diese Endloszeile ist das, was der Leser vorliest, was der Zuhörer hört). Freilich gab es auch im antiken Latein, das die Gebildeten des christlichen Römischen Reiches weniger auf seine Inhalte als auf seine schöne Form immer studierten, außer der schlichten auch eine feine Prosa. Die sich mit Rhythmus schmückte und besonderen Satzteilausklängen und – aus der Aufführung in Teilen der Liturgie übernommen – klingenden Korrespondenzen, antwortenden Ähnlichkeiten oder genauen Entsprechungen: Reimen (*Rhythmus* und *Ritus* und das *Reimen* gehören übrigens alle zur selben Etymologie: das Gelenk zwischen Gliedern). Zum Studium der *grammatica*, des feinen schriftlichen sich Äußerns, gehörte für den geistlich Gebildeten die Übung, die selben unterschiedlichsten Inhalte von Poesie über Bibeltext und Heiligenleben bis Naturgeschichte aus Prosa in Verse und aus Versen in Prosa verwandeln zu können. Und von der geschmückten Prosa wanderte der Reim auch in die ausgezählten Verse (*arithmos* – die Zahl) des epischen Erzählens; auch in die Verssprache der Lyrik.

Der besagte Otfrid von Weißenburg setzt sich in seinem lateinischen Widmungsbrief an den Erzbischof von Mainz, dem er seinen Liber Evangeliorum schickt, mit dem Minderwertigkeitskomplex, der mit Dichten und Schreiben in der Vulgärsprache verbunden ist, detailliert auseinander. Er ist überzeugt, daß sein *vulgare* sich nicht in Regeln eines Längen und Kürzen zählenden Metrums binden läßt und deshalb unbedingt das Homoioteleuton, den Gleichklang am Versende, den Endreim braucht – er ist der Entdecker des Paarreims für die erzählende Dichtung, für seine kommentierende, interpretierende Nacherzählung der Evangelien; der Paarreim wurde die Schmuckform beim Erzählen in *vulgare* für Jahrhunderte.

Otfrid verwendet 125 althochdeutsche Doppelverse darauf, zu erklären, *Cur scriptor hunc librum theodisce dictaverit*, Warum der Schriftsteller dieses Buch auf ›theodisch‹, volkisch (ein latinisiertes deutsches Wort) sagte und dichtete. Er beschwört die ganze Macht der fränkischen Herrschaft, um seine Einsicht zu begründen, daß es möglich sein müsse, Gott auch in der Sprache der Franken zu loben.

Die romanischen Franken nennen ihre aus dem römischen Latein entwickelte Volkssprache *romanz* – und nicht *franzeis*, wie die Deutschsprachigen dazu sagen. Sie beginnen ab dem 12. Jahrhundert wie mit einem Paukenschlag in der Symphonie der Literaturgeschichte auf *romanz* zu dichten: ihre gesungenen Gedichte, Erzählungen ihrer eigenen Geschichte aus der Zeit von Charlemagne, die sie *chansons* nennen, novellenartige Erzählungen aus walisischer und bretonischer Überlieferung, die sie *lais* (vielleicht nach einem keltischen Wort für »erzählendes Gedicht«) nennen, Erzählungen nach Stoffen der römischen Antike und romanhafte Erzählungen nach den Stoffen, die aus ihrer keltischen und angelsächsischen Vergangenheit im Umlauf waren. Die nannten sie *contes* oder schlichtweg *romans*. In Versen mit Reim. Mit Begeisterung wurden die von den Deutschsprachigen angenommen und nachgedichtet, adaptiert. Die Romanen brauchten das Formgerüst für ihr Erzählen in *romanz* nur kurze Zeit, um es gegen das Römische zu behaupten. Schon ab dem frühen 13. Jahrhundert begannen sie auch in Prosa zu dichten. Die für aufmerksame Ohren wohl immer noch spürbare Nähe zum Latein, das sie gewiß mit romanischem Akzent aussprachen, und die wachsende Zahl gebildeter Laien, die das Latein nach der *grammatica* nur noch mäßig beherrschten und übten, werden ihnen beim Loslassen geholfen haben. Die in deutschen Sprachen Schreibenden, die von der indogermanisch-keltischen Verwandtschaft der europäischen Sprachen keine Ahnung haben konnten, hielten am Gerüst der gereimten Verse noch bald dreihundert Jahre fest. In ihren historischen Chroniken, ihrer Geschichte vom Geschwisterkrieg der burgundischen Nibelungen, ihren Geschichten vom abenteuerlichen Erwachsenwerden des Dietrich von Bern, ihren amüsanten Romanen vom Erwachsenwerden der Artus-Muster-Ritter, ihren Fabeln, Legenden, Jerusalemzugsberichten, pädagogischen Dichtungen, Lehr- und Benimmbüchern für junge Adlige, naturwissenschaftlichen Encyclopädien, groben und weniger groben scherzhaften Kurzerzählungen. Sie sprechen von ›sagen, reden, zählen, dichten‹ und von *rede, mære, liet, aventiure, buoch*. Die Wörter ›episch, Epik, Epos‹ verwenden sie so wenig wie ihre romanischen, angelsächsischen und nordischen Nachbarn.

Diese Begriffe kommen zur Beschreibung mittelalterlicher Texte im 18. Jahrhundert zu Ehren in einer neuhumanistischen Begeisterung für altgriechische Kultur, besonders Homer, und für die ›klassisch‹ genannte römische Antike, besonders die Homer bearbeitende *Aeneis* des Vergil; und in einer gleichzeitigen Suche nach vergleichbaren Dichtungen in der eigenen Sprache. Die Handschriften des *Nibelungenlieds* wurden in ihren Bibliotheksgräbern gefunden. 1781 erschien die bis heute berühmte vollständige Übersetzung der *Odyssee* von Johann Heinrich Voß, 1782 die erste vollständige Ausgabe des *Nibelungenlieds* mit der *Klage* von Christoph Heinrich Myller, 1793 die Übersetzung der *Ilias* von Voß. Gesamteuropäische vernunftbegründete Aufklärung und Suche nach volkssprachiger historischer Identität, die bis in eine vorschriftliche Zeit volkssprachiger Rhapsoden, Sänger zurückreicht, gehören zusammen. Der Enthusiasmus machte die Sucher zuweilen blind wie Homer; wo kein vaterländisches Epos gefunden wurde, wurde es erfunden und allerorts mit Hingabe gelesen, übersetzt, interpretiert: So 1760, 62 und 63 von James Macpherson die keltischen Gesänge von *Ossian*, *Fingal* und *Temora*,[9] datiert ins 3. Jahrhundert; so das *Heldenepos von der Heerfahrt Igors* (oder *Igorlied*) gegen Ende des 18. Jahrhunderts[10], datiert auf um 1200.

Eine folgende nationalbewußte Germanistik nannte alles Epik, vielleicht immer als Gegenstück und Weiterentwicklung der Antike, was in erzählenden Versen oder Versen und Strophen und Reim geschrieben war, mit verwirrenden Attributen: Heldenepik (für die wir nur das Nibelungenlied haben), Dietrich-Epik (die aus Mangel zur Heldenepik gerechnet wird), Spielmannsepik (für besonders frühe Geschichten von Brautwerbung für einen Herrn oder Empörung gegen den König), Legendenepik, Geschichts- und Kreuzzugsepik, höfische oder Artusepik, Kleinepik für alles übrige; episch bleiben die Stoffe selbstverständlich, wenn sie aus der Volkssprache stammen und auf Lateinisch erzählt werden. ›Episch‹ heißt also für mittelalterliche Texte (zwischen 800 und 1500) kaum mehr als Schreiben, Erzählen, Berichten in gebundener, geverster Sprache überhaupt.

Zum Schluß möchte ich Ihnen einen Textauschnitt vorstellen, der aussieht wie ein allerschönstes Liebeslied. Er ist in Strophen gedichtet, die Ähnlichkeit haben mit den Nibelungenstrophen und mit den Strophen des ältesten mit Namen bekannten Dichterkomponisten, der in deutscher Sprache gesungen

[9] Vgl. Ralph-Rainer Wuthenow, *Die erfolgreichste Fälschung: Macphersons ›Ossian‹*, in: *Gefälscht!* Betrug in Politik, Literatur, Wissenschaft, Kunst und Musik, herausgegeben von Karl Corino, Nördlingen (Greno) 1988, S. 184–195.

[10] Vgl. Ota Filip, *Das Igor-Lied*, in: Gefälscht! (sieh Anm. vorher), S. 209–217.

hat: Der von Kürenberg. Der Ausschnitt ist Teil eines Monologs eines sehnsüchtig auf den Geliebten wartenden Mädchens aus Wolframs Romanfragment von *Sigune und Schionatulander*, über den Beginn ihrer Liebe und den Anfang ihres Unglücks. Das schreckliche Ende hatte er früher in seinem Artusritter-Roman *Parzival* erzählt. Die Geschichte hat kein Vorbild, Wolfram hat sie erfunden, er verweist nur auf seinen eignen *Parzival*. Eine Liebesgeschichte im Artus- und Grals-Zusammenhang in circa 175 heldenepischen Strophen, sprachlich verdichtet wie raffinierteste provenzalische Lyrik, ausnahmsweise überliefert mit einer irgendwie dazugehörigen Melodie, 55 Strophen erzählt als dramatischer Dialog zwischen dem Liebespaar, zwischen Schionatulander und seinem Ziehvater Gahmuret und zwischen Sigune und ihrer Ziehmutter, ihrer Tante Herzeloyde (so viel zur Unterscheidbarkeit von Gattungen). Hier die Strophen 122–124:

Ich han vil abende al min schouwen
uz venstren über heide, uf straze unt gein den liehten ouwen
gar verloren. er kom et mir ze selten.
des müezen miniu ougen friundes minne mit weinen tiure gelten.

So gen ich von dem venster an die zinnen.
da warte ich osten unt westen, obe ich möhte des werden innen,
der min herze lange hat betwungen.
man mac mich vür die alten senden wol zelen, niht für die jungen.

Ich var uf einem wage eine wile.
da warte ich verre mere dane drizec mile,
durch daz ich horte solhiu mære,
daz ich nach minem jungem clarem friunde kumbers enbære.[11]

Ich habe viele Abende all mein Schauen
aus Fenstern über Heideland, auf Straße und gegen die lichten Auen
gar verloren. Er kam mir halt zu selten.
Drum müssen meine Augen Freund- und Liebstenminne mit Weinen teuer gelten.

So geh ich von dem Fenster an die Zinne.
Da halt ich Wacht nach Osten und nach Westen, ob ich des möchte werden inne,

[11] Text, normalisiert nach Hs. G, und Übersetzung von mir. Vgl. Wolfram von Eschenbach, *Titurel*, herausgegeben, übersetzt und mit einem Kommentar und Materialien versehen von Helmut Brackert und Stephan Fuchs-Jolie, Berlin/New York (de Gruyter) 2002.

der mein Herze lange hat bezwungen –
man kann mich zu den alten Sehnenden wohl zählen, nicht zu den jungen.

Ich fahr auf der wogenden See eine Weilen,
da halt ich Wacht in die Ferne, mehr denn dreißig Meilen,
auf daß ich solche Nachricht hörte,
nach meinem jungen, klaren Freund und Liebsten Kummer entbehrte.

Leser Text Autor

Rein in das komplizierte Bedürfnisverhältnis von Leser und Text/Autor. Das Schwierigste ist, den Einstieg zu finden. Mir als Möchtegern-Autor vorzustellen, mit welchem Texteinstieg ich Sie, meine Möchtegern-Leser, dazu verführe, mich als Autor und das von mir Gemachte als Text zu akzeptieren. Vielleicht ist genau dieser Satz und das Nachdenken über die Schwierigkeit der richtige Einstieg.

Sie bemerken, daß ich zwischen Hörer und Leser nicht unterscheide, und bitte Sie, das hinzunehmen, denn ich halte die Differenz für eine technische Differenz der Wahrnehmung und Aufnahme und der Textpräsentation und wohl auch Textproduktion, nicht für eine prinzipielle der Kommunikation zwischen Autor und Rezipient (obwohl ich weiß, daß in dieser Behauptung Probleme noch und noch stecken). Ich nenne mich Möchtegern-Autor, weil ich möchte, daß Sie mich als Autor dieses Texts, den ich hier vorlese, akzeptieren. Nicht als liebenswerte oder respektable Person Dietmar Peschel, sondern als Autor mit gehöriger Autorität. Anders als weitverbreitete Gerüchte besagen, hat man Autorität nicht, sondern kriegt sie von andern. So wie das mittelhochdeutsche Wort *êre* nicht ein Ansehen bezeichnet, das jemand hat, sondern eines, das die Welt jemand gibt. Wie überhaupt das Ich seine Bestätigung immer durch den Andern erfährt; Ich ist der Andere, schrieb nach Arthur Rimbaud der französische Psychoanalytiker Jacques Lacan[1]. Etwa nach einer Struktur, wie sie Erving Goffman beschreibt (und auch ausführlich begründet): »Der Grund dafür, daß jemand stetig darauf bauen kann, den anderen als vertrauenswürdig zu erscheinen, besteht … nicht darin, daß er es ist – auch wenn es der Fall ist –, sondern daß sich niemand veranlaßt gesehen

[1] Denn: »Ich ist ein Anderer«, wie Lacan den Dichter Arthur Rimbaud zitiert. (Rimbaud im Brief an Paul Demeny, 15. Mai 1871, zweiter Seherbrief: (*Car Je est un autre*. Denn Ich ist ein anderer).

Vgl. http://de.wikiquote.org/wiki/Arthur_Rimbaud (zuletzt getestet am 16. Januar 2015), und: Arthur Rimbaud, *Prosa über die Zukunft der Dichtung*, aus dem Französischen, mit Anmerkungen und einem Nachwort von Tim Trzaskalik. Mit einem Vorwort von Philippe Beck, Berlin (Matthes & Seitz) 2010, S. 25.

hat, Informationen auf die Beine zu stellen, die ihn diskreditieren würden.«[2] Für meinen Text und Ihr Wohlwollen gilt Ähnliches.

Sie, meine Damen und Herren, sind eine ganz andere Art von Möchtegern; Sie haben beschlossen, für diesen Abend Leser zu sein, oder genauer hier und jetzt Hörer, und Sie sind das einfach; Sie lesen auf und zusammen, was Sie können oder was Sie wollen, und indem Sie das tun und mindestens, solange Sie das tun, machen Sie, was ich vorlese, zum Text. Und wenn Sie akzeptieren, daß ich den Text selber geschrieben habe, mich zum Autor. Danke. Sie können das jederzeit ändern, indem Sie aufstehen und gehen und Ihren Freunden draußen sagen: Vergiß es! Sie hätten das Spiel auch gleich verweigern können und gar nicht erst kommen. Darin besteht Ihre Macht als Leser. Und darin, daß Sie gemeinhin im Plural auftreten, im ausgesprochenen oder unbewußten, meinethalben modischen Konsens mit andern Lesern. Die ihre Vergleichsstrukturen von Texten und Autoren im Kopf haben, ob selbst erlesen oder von andern übernommen, bleibt sich gleich, auch aus welchen Gründen übernommen bleibt sich gleich. Sie, die Leser, machen Autoren zu Autoren und ihre Texte zu ihren Texten – jawohl, Sie machen den Text zum Text eines Autors, zum Beispiel, indem Sie akzeptieren, daß einer seinen Namen vor oder hinter einen Text setzt. Wer Autor sein möchte, kann die Bedürfnisstruktur seiner möglichen Leser vorherzusehen versuchen und entsprechend schreiben. Insofern hat das Verhältnis Autor-Text-Leser immer den Aspekt Angebot-Produkt-Nachfrage; mit dem Entstehen der modernen Kapitalwirtschaft nach dem ersten Jahrtausend unserer Zeitrechnung paßte es sich langsam aber sicher in dessen Marktstrukturen. Die Einrichtung von Universitäten, die freien Vereinigungen der *universitas scholarum* und der *universitas magistrorum* im 11. Jahrhundert, hatte daran wesentlichen Anteil.[3] Und die Erfindung der Papierherstellung, die zu Beginn des 12. Jahrhunderts über Sizilien aus dem Orient nach Europa kam, und dann die Erfindung des Buchdrucks um die Mitte des 15. Jahrhunderts.

Einen Einwand gegen meine Kurzbeschreibung des Autor-Text-Leser-Verhältnisses, das ich hier voraussetze, möchte ich gleich entkräften: Daß ein Autor immer ein Autor sei, wenn er einen Text verfasse, und ein Text immer ein Text, wenn er nur verfaßt werde. Auch dann, wenn den Text nie einer läse.

[2] Erving Goffman, *Rahmen-Analyse.* Ein Versuch über die Organisation von Alltagserfahrungen, Frankfurt am Main (Suhrkamp Taschenbuch Verlag) 1977, S. 128. [Frame Analysis. An Essay on the Organization of Experience, New York/Evanston/San Francisco/London 1974].

[3] Chiara Frugoni, *Das Mittelalter auf der Nase.* Brillen, Bücher, Bankgeschäfte und andere Erfindungen des Mittelalters, München (C. H. Beck) 2003 [Medievo sul naso. Occhiali, bottoni e altre invenzioni medievali], S. 52ff.

Zum einen ist der Einwand tautologisch; zum andern ist er nur ein mögliches grammatisches Spiel mit einem korrekten deutschen Satz. Sein Inhalt kann so wenig bezweifelt werden wie eine solipsistische Weltsicht: die Behauptung, alle wahrgenommene Welt sei immer nur vorhanden in dem Augenblick, wo sie das wahrnehmende Ich wahrnimmt und in der Form, in der sie das wahrnehmende Ich wahrnimmt. Auch die Tatsache, daß jemand, der schreibt, sein erster Leser ist, macht ihn noch nicht zum Autor; sonst könnt ja jeder, was immer er produziert, zum Meisterwerk erklären – was die übrige Leserschaft offensichtlich nicht akzeptiert. Es braucht den Andern. Ob der sich erst Jahrhunderte später findet, spielt keine Rolle. Mehr und Genaueres über die Fiktionalität von Autor und Text, die ihre zeitweilige oder dauerhafte Gültigkeit, die ihre historische Realität in der Akzeptanz durch die Leser erhält, können Sie in dem berühmten Sitzungsbericht vor der französischen Gesellschaft für Philosophie vom 22. Februar 1969 von Michel Foucault erfahren: ›Qu'est-ce qu'un auteur‹, auf deutsch erschienen 1974 unter dem Titel ›Was ist ein Autor?‹.[4] Die Tätigkeit der Leser wird dort implizit und wie selbstverständlich behandelt. Dort finden Sie auch erzählt, daß bis heute gültige Regeln zur Autorkonstruktion schon beim heiligen Hieronymus (um 350–420) in seiner christlichen Literaturgeschichte ›De viris illustribus‹ (berühmte Männer) katalogisiert werden. Vielleicht kann ich mit folgender Anmerkung Ihr Selbstbewußtsein für Ihr Literaturstudium stärken: Wenn ich hier in dieser Institution oft höre, Sie, die anonyme Menge der Leser, lesen nichts oder nicht mehr wie früher oder zu wenig (ich hab noch nie gehört: Der und der oder die und die liest nichts), so versteckt sich in diesem bösen Urteil wahrscheinlich die Kränkung oder befürchtete Kränkung derer, die Sie als Leser brauchen, damit sie Autoren sein können.

›Autor, Text, Leser‹ waren die Stichwörter, die den Inhalt der heutigen Vorlesung bestimmen sollten. Sie kamen mit größter Selbstverständlichkeit in dieser Reihenfolge in unser Programm. Ich habe sie für den Titel meines Vortrags übernommen. Sie sind als Dreieinigkeit das Prinzip einer bestimmten Form menschlicher Kommunikation, vielleicht menschlicher Kommunikation überhaupt; weitere Aspekte eines ausgefeilten Kommunikationsmodells lasse ich hier beiseite. Ich habe die Trias, wie Sie jetzt verstehen können, für meinen Titel, den ich Ihnen endlich sage, umgestellt: ›Leser Text Autor‹. Der Autor

[4] Michel Foucault, *Was ist ein Autor?*, in: Schriften zur Literatur, München (Nymphenburger Verlagshandlung) 1974, S. 7–31. Foucaults Text ist eine Antwort auf Roland Barthes, *Der Tod des Autors* [1968], deutsche Übersetzung zuerst in: Texte zur Theorie der Autorschaft, herausgegeben und kommentiert von Fotis Jannidis, Gerhard Lauer, Matias Martinez und Simone Winko, Stuttgart (Philipp Reclam jun.) 2000, S. 185–193 (anschließend auch Foucaults Text).

am Anfang der Reihe, etymologisch entstanden aus dem lateinischen *auctor* ›der Vermehrer, der Beförderer, der Urheber, der Erschaffer‹, zu dem Verb *augēre* ›wachsen machen, vergrößern, vermehren‹, ist mir zu nahe am Text-Muster der Genesis: *In principio creavit Deus caelum et terram*[5] (Am Anfang schuf Gott Himmel und Erde). Die christlichen Leser erklärten ihren Gott zum *auctor* schlechthin, zum Autor schlechthin und ihre eigenen oder von den Juden übernommenen heiligen Schriften zu dessen Text schlechthin; sie ergänzten nicht nur, sondern ersetzten weitgehend mit ihm die Autoren und Texte der griechischen und römischen Antike. Nicht schlagartig, aber zügig, und unter heftigen Auseinandersetzungen der christlichen Leserschaften. Für rund tausend Jahre. Die nach ihrer Überzeugung von Gott als letzte geschaffenen Menschen als die Leser seines Weltgewebes fanden den Ursprung, den Sinn und das Ziel der Welt und ihres Sterbenmüssens, die sie verstehen wollten, in seinem Text am besten erklärt. Dabei ist das Wort ›Text‹ dialektisch zu verstehen, das heißt, der Text ist gleichzeitig gültig und in ständiger Konstruktion, die für die mit der Konstruktion befaßten Leser ›Rekonstruktion‹ oder ›Textkritik‹ ist. Unsere philologische Textkritik an Texten jedweder Art geht noch immer nach dem selben Muster. Erst auf dem Konzil von Trient, in der Sitzung vom 8. April 1546, wurde im *Decretum de canonicis Scripturis* endgültig festgelegt, welche Schriften zu dem Gottes-Text gehören. Der Beschluß wurde auf dem Vatikanischen Konzil von 1869/70 bestätigt. Danach bezeichnet der Name Bibel »die Gesamtheit der Bücher, die ›unter Eingebung des Hl. Geistes geschrieben Gott zum Urheber haben u. als solche von der kath. Kirche angenommen worden sind‹, u. konkret alle jene Bücher, die von alters her in der kath. Kirche gelesen werden u. in der latein. Vulgata-Übersetzung enthalten sind, ›mit allen ihren Teilen‹. Die B[ibel] *enthält* nicht nur Gotteswort (...), sondern *ist* Gotteswort.«[6] Die lateinische Vulgata-Übersetzung, das heißt Die allgemein gebräuchliche Übersetzung vor allem aus den Sprachen Griechisch, Hebräisch, ins Römische des Römischen und dann christlichen Römischen Reichs gibt es nicht und gab es nie; die heutige Textkritik am Wort Gottes versucht bescheiden, eine lateinische Version zu rekonstruieren, nämlich die des heiligen Hieronymus (wahrlich ein Meisterwerk – und doch so verbesserungsbedürftig).

[5] *Vulgata*, Stuttgart (Deutsche Bibelgesellschaft) 1985, unveränderter Nachdruck der dritten, verbesserten Auflage 1983, Liber Genesis 1,1.

[6] *Lexikon für Theologie und Kirche*, zweite, neubearbeitete Auflage, zweiter Band, Freiburg im Breisgau (Herder) 1931, Spalte 274f.

Weil der *creator* der *auctor* ist, hat sich kein Autor des christlichen Mittelalters Autor genannt. Noch in Johann Heinrich Zedlers ›Großem vollständigen Universal-Lexicon aller Wissenschaften und Künste‹, in 64 Bänden 1732–1750 und 4 Supplementbänden 1751–1754 erschienen, suchen Sie das Wort ›Autor‹ (auch wenn Sie unter ›Author‹ schauen) vergeblich; ›Authorität‹ können Sie finden.[7] Die allgemeine Vorstellung von einem Menschen als dem Schöpfer eines Werks gibt es seit der allmählich verbreiteten aufgeklärten Erkenntnis, daß die Menschen sich Gott zu ihrem Bilde schufen; damit wurde eine Stelle frei in unserer theogonischen Phantasie, an die mit dem Primat des menschlichen Subjekts der Autor geraten ist. Als die inkarnierte Schöpferkraft. Es bleibt dies aber nur die eine Vorstellung vom Autor. Die andere ist die vom unermüdlichen Leser, der studiert, was andere geschrieben haben, um daran fortzuschreiben. Das gilt nicht nur für wissenschaftliche Autoren, bei denen Sie die Geschichte eines Gedankens in den Fußnoten dokumentiert finden, sondern auch für die dichtenden, die ja neben den theologischen nie ausgestorben sind, vielmehr seit dem zwölften Jahrhundert mit dem Boom vom Dichten auf Nicht-Latein im ganzen Abendland sich immer größerer Wertschätzung erfreuen. Dante (1265–1321) hat eine rühmende Abhandlung über beispielhafte Dichter und ihre Dichtung in der Vulgärsprache geschrieben, wenn auch unvollendet hinterlassen, auf lateinisch: *De vulgari eloquentia*[8].

auctores nennen mittelalterliche Autoren die Autoren, die für sie in des Wortes erster Bedeutung Gewährsleute, Bürgen sind, weil sie ihnen Gedanken übermittelt haben, die ein anderer getreulich von einem andern hat. *auctor* kann man genannt werden, nicht sein wollen, so wie Heiliger oder Heilige. Das gilt für die *auctores*, die das Wort Gottes haben wachsen lassen durch Edition, Kommentar, Exegese, wie auch für die, die die Sprache, in der das Wort Gottes befördert wird, befördert haben durch ihre Dichtung. So kommt keiner in Konflikt mit dem höchsten Autor. So wird sichergestellt, daß Wahrheit unverfälscht überliefert, daß Geschichte festgehalten wird. Die eigene Variation wird nicht als Originalität, sondern als souveräne Handhabung des Gültigen und Bewährten verstanden. Dieses dienende Selbstverständnis haben auch die Dichter profaner Texte. Daher haben die Vorbild-Muster in allen Gattungen einen so langen Bestand. Daher berufen sich alle Autoren so oft auf ein

[7] Johann Heinrich Zedler, *Grosses vollständiges Universal-Lexicon Aller Wissenschafften und Künste* Welche bishero durch menschlichen Verstand und Witz erfunden und verbessert worden ..., Halle und Leipzig 1732.

[8] Dante Alighieri, *Über das Dichten in der Muttersprache*, aus dem Lateinischen übersetzt und erläutert von Franz Dornseiff und Joseph Balogh, unveränderter reprographischer Nachdruck der Ausgabe Darmstadt 1925, Darmstadt (Wissenschaftliche Buchgesellschaft) 1966.

Vorbild und Muster, ob in einem Gedicht, einem Roman oder einem theologischen Traktat. Das Muster muß nicht immer benannt werden, vor allem nicht in der Lyrik, aber es ist für den Kenner erkennbar. Das ist, könnte man sagen, die Ideologie des Verhältnisses von Leser und Text und Autor bis mindestens weit ins fünfzehnte Jahrhundert. Noch die Reformation heißt ›Wiederherstellung einer ursprünglichen Form‹ und noch der Begriff ›Renaissance‹, der um die Mitte des neunzehnten Jahrhunderts für die Neuerungen des fünfzehnten und sechzehnten Jahrhunderts aufkam, heißt ›Wiedergeburt‹, ›la renovation des études de l'Antiquité‹[9], und meint doch eine völlig neue Lektüre der Welt und der Menschen.

Nun ist dies alles, was ich Ihnen bisher vorgeführt habe, die öffentliche, die kommunikative Seite des Verhältnisses von Leser zu Autor und seinem Text. Oder, wenn Sie wollen, noch allgemeiner, die des Verhältnisses von Ich zum Andern und seiner Bestätigung. Es gibt keine andere! Sie beruht auf einem Vertrauen zum Andern und zu einem Vertrauen in das selbst gesetzte Vertrauen. Das Ich will sich trotz der notwendigen Bestätigung durch den Andern als Selbst wissen. Auch das Autor-Ich. Das war ihm nicht zu allen Zeiten und in allen Kulturen immer gleich bewußt. Wir finden in den Texten mehr oder weniger deutliche Spuren davon. So kommt es, daß wir Leser dazu neigen, Autoren und ihre Texte, in denen wir uns finden wollen, für ein leibhaftiges historisches Gegenüber zu halten (und dabei außer acht zu lassen, wie sehr doch schon unser lebendiges Gegenüber in seiner Textur durch unsere Lektüre geprägt ist); so kommt es, daß Autoren in ihren Texten ›ich‹ sagen, während sie sich gleichzeitig, um sich nicht von ihren Lesern vereinnahmen zu lassen, auf ihre *auctores* berufen; so kommt es, daß Autoren Autobiographien schreiben (die älteste ist die des Heiligen Augustinus, *Confessiones*, um 400), in denen sie so tun, als schrieben sie sich selbst, was wir Leser ihnen gerne abnehmen und wobei wir gern die Schreibmuster außer acht lassen (die augustinische Attitüde der *confessio* des eigenen Lebens und Glaubens ist eine so erstaunliche Variante, daß wir sie für eine originale Schöpfung halten). In den nicht mehr in der heiligen Sprache Latein verfaßten profanen Dichtungen des hohen Mittelalters (ab etwa 1100) wird das Verhältnis Leser-Text-Autor zum Spielbaustein in den Texten selber.

Hartman von Aue spielt das Hartman-Autor-Erzähler- oder Autorfigur-Spiel in äußerster Distanziertheit so: In seinem Prolog zum *Iwein*-Roman dichtet er: Ein Ritter, der gebildet war und es aus den Büchern las – wann

[9] [Jules] Michelet, *Renaissance et Réforme*. Histoire de France au XVIe siècle [1855], Préface de Claude Mettra, Chronologie de Véronique Bedin, Paris (Robert Laffont) 1982, hier: S. 35.

immer der seine Zeit nicht besser zu verwenden wußte, daß er auch selber das Dichten pflegte, das was man gern hören kann, daran kehrte er seinen Fleiß. Er war Hartman genannt und war ein Auer – der dichtete diese Geschichte (21–30).[10] Wolfram von Eschenbach hingegen dichtet eine Autorfigur in einer Art autobiographischem Einschub zwischen dem zweiten und dritten Buch seines *Parzival*-Romans, die von sich sagt, daß kaum jemand besser über Frauen spräche als er, daß er eine bestimmte aber nicht ausstehen könne, daß er Wolfram aus Eschenbach sei, daß er aus einem Wappenschildgeschlecht käme und für Rittertaten geschätzt werden wolle und nicht für seine Lieder, daß er, wollten es die Damen nicht für Schmeichelei halten, weiter tolle Aventiuren erzählen könnte, wenn nur keiner annähme, daß das dann ein Buch wäre, weil er nämlich mit Buchstaben, die genügend andere als ihre Buchbackhilfe nähmen, nichts im Sinn hätte, während seine Aventiure ohne irgendein Büchersteuer auf Fahrt ginge. Bevor sie jemand für ein Buch hielte, wollte er lieber nackt sein, ohne Tuch, wie er in der Wanne säße, nur wollte er den Badequast nicht vergessen haben. In einem pseudoverhüllten Bild entblößt Wolfram die Autorfigur, den Text in der phallischen Lanze, für die er geliebt werden will, den voyeuristischen Blick des Lesers mit dem Bild vom Badequast, der vergessen werden könnte, und mit all dem den Autor, der Autor sein will, indem er sich jeder Vergleichbarkeit entzieht.[11] Im selben Roman läßt er seine Erzählerfigur erzählen, daß der französische Dichter Chrestien de Troyes in seinem *Perceval*-Roman-Fragment, das nachweisbar die Vorlage ist, nach der er arbeitet und die er sehr genau (auf Französisch, wie ich denke[12]) kennt, die Geschichte nicht richtig erzählt habe, weshalb er die Erzählung eines Gewährsmanns verwende (nach dem die Mediävisten hundertfünfzig Jahre vergeblich gesucht haben – Wolfram hat ihn erfunden); dieser »Kyot soll ein Provenzale gewesen sein, der in französischer Sprache

[10] Hartmann von Aue, *Iwein*, Urtext und Übersetzung, Text der siebenten Ausgabe von G[eorg] F[riedrich] Benecke, K[arl] Lachmann und L[udwig] Wolff, Übersetzung und Anmerkungen von Thomas Cramer, dritte, durchgesehene und ergänzte Auflage, Berlin/New York (Walter de Gruyter) 1981.

[11] Wolfram von Eschenbach, *Parzival.* Studienausgabe, 2. Auflage. Mittelhochdeutscher Text nach der sechsten Ausgabe von Karl Lachmann, Übersetzung von Peter Knecht, mit Einführung zum Text der Lachmannschen Ausgabe und in Probleme der ›Parzival‹-Interpretation von Bernd Schirok, Berlin (Walter de Gruyter) 2003.

[12] Vgl. Elisabeth Schmid, *Der maere wildenaere.* Oder die Angst des Dichters vor der Vorlage, in: Wolfram-Studien XVII. Wolfram von Eschenbach – Bilanzen und Perspektiven (Eichstätter Kolloquium 2000), herausgegeben von Wolfgang Haubrichs, Eckart C. Lutz, Karl Ridder, Berlin (Erich Schmidt Verlag) 2002, S. 95–113.

gedichtet hat; er soll auch Arabisch und Lateinisch verstanden und sich zeitweilig in Toledo aufgehalten haben [wo man literaturbekanntlich Zauberkunst, Negromanzie, studieren konnte, D.p.]. Dort soll er den astronomischen Traktat von Flegetanis ins Lateinische übertragen haben. Daraus soll er, unter Verwendung lateinischer Chroniken aus Anjou, einen Parzivalroman gemacht haben.«[13] – eine abenteuerliche Story, in der nichts zusammenpaßt, die man nur eine *auctores*-Parodie nennen kann. Des Autors Wolfram Autorfigur in seinen Romanen ist nichts anderes als was man für spätere Romane den auktorialen Erzähler genannt hat[14], der mit seinem Text in seinem Text schaltet und waltet, wie's ihm zu belieben scheint, und mit dem gleich miterfundenen und mitspielen müssenden Ensemble der Leserfiguren auch. Als Musterbeispiel für auktoriales Erzählen gilt der Roman ›The Life and Opinions of Tristram Shandy, Gentleman‹ von Laurence Sterne, erschienen 1759–1767.

Viele haben sich nach Wolfram auf ihn berufen. Seinen auktorialen Erzähler hat ihm keiner nachgemacht. Der kommt erst wieder vor im letzten Höhepunkt und der gleichzeitigen Abschiedsvorstellung des Ritterromans, in des Miguel de Cervantes Saavedra Roman ›El ingenioso hidalgo Don Quixote de la Mancha‹ (Der scharfsinnige Edle Don Quixote de la Mancha) von 1605 (erster Teil) und 1615 (zweiter Teil). Im zweiten Teil die schöne Geschichte von Vernetzung des Autors Cervantes und eines Ungenannten als Autor-Konkurrenten, der tatsächlich unter dem Pseudonym Alonso Fernández de Avellaneda vor Cervantes eine Fortsetzung zu Cervantes' erstem Teil des Don Quixote schrieb, in der Begegnung von Don Quixote und Sancho Pansa mit Lesern der im falschen Text falsch erzählten Figuren Don Quixote und Sancho Pansa. Der erste Teil von Cervantes' Roman endet mit der Behauptung seiner Erzählerfigur, daß er über das Ende Don Quixotes nichts wisse, weil er nichts bei zuverlässigen Schriftstellern gefunden habe, er macht noch Andeutungen über eine in der Mancha umlaufende Don-Quixote-Sage und er berichtet von der Bekanntschaft mit einem alten Arzt, der eine alte Kiste besaß, die er im Schutt einer ehemaligen Einsiedelei ausgegraben habe, in der sich schwer lesbare Pergamentblätter mit gotischer Schrift befänden (das Spiel finden Sie in mittelalterlichen Texten oft). Was lesbar sei, wird noch abgedruckt: Sechs Gedichte (davon vier Sonette) über »Dulcineas Schönheit, über die Gestalt des Rosinante [das ist Don Quixotes Hengst, D.p.], über die Treue Sancho Pansas und über Don Quixotes Begräbnis; und ferner enthielten sie

[13] Joachim Bumke, *Wolfram von Eschenbach*, 8., völlig neu bearbeitete Auflage, Stuttgart/Weimar (J. B. Metzler) 2004, S. 245.

[14] Vgl. Franz K. Stanzel, *Theorie des Erzählens*, 4., durchgesehene Auflage, Göttingen (Vandenhoeck & Ruprecht) 1989.

verschiedene Grabschriften [nämlich je für Don Quixote, Sancho Pansa und Dulcinea, D.p.] und Lobgedichte auf seine Sitten und Lebensweise.«[15] Die andern Pergamente »gab man, da die Schrift erloschen war, einem Akademiker zum Entziffern; und es verlautet, daß es ihm nach vielen Nachtwachen und angestrengter Mühe gelungen sei, und daß er nunmehr die Absicht habe, sie in der Hoffnung auf eine dritte Ausfahrt Don Quixotes herauszugeben.« Die letzte Romanzeile ist ein Zitat auf Italienisch: *Forse altri canterà con miglior plettro* (Vielleicht wird ein anderer mit einem besseren Plektrum singen, Teil I, S. 703ff.), es stammt aus dem ›Orlando furioso‹ des Ludovico Ariosto (in der endgültigen Fassung 1532 veröffentlicht). Das nahm, in der Tradition der *auctores*, der pseudonyme unbekannte Avellaneda ernst und veröffentlichte im Jahr 1614 einen miserablen Don-Quixote-Zweiter Teil.

Cervantes rächt sich unter anderm mit folgender Szene im 59. Kapitel seines 1615 veröffentlichten zweiten Teils: Don Quixote und Sancho Pansa sind in einem Wirtshaus und hören, daß im Nebenzimmer ein Herr einem andern vorschlägt, bis zum Essen noch im zweiten Teil des Don Quixote zu lesen. Der rät von der Lektüre solchen Unsinns ab, zumal er schon wisse, daß Don Quixote seiner Liebe zu Dulcinea mittlerweile entsagt habe. Worauf Don Quixote zum Schwert greift und lautstark droht, damit das Gegenteil zu beweisen. Das hören die Herren im Nebenzimmer, kommen verwundert herüber, erkennen den wahren Don Quixote, und einer fällt ihm mit den Worten um den Hals: »Ihr, edler Herr, Ihr seid ohne Zweifel der wahre Don Quixote de la Mancha, der Polarstern und die Morgenleuchte der fahrenden Ritterschaft, dem zum Trotz und Verdruß, der Euren Namen hat mißbrauchen und Eure Taten hat herabwürdigen wollen, wie es der Verfasser des Buches getan hat, das ich hier Euern Händen ausliefere.« (Teil II, S. 607) Lesen Sie selbst den witzigen Fortgang dieser Szene. Im 72. Kapitel läßt Cervantes seinen Don Quixote einem von Avellaneda erfundenen Señor Don Álvaro Tarfe begegnen, der ein guter Freund des falschen Quixote ist, überzeugt ihn, daß er und sein Sancho die richtigen seien, und bittet ihn, vor dem Bürgermeister zu erklären, »er kenne den gleichfalls gegenwärtigen Don Quixote de la Mancha nicht, und dieser sei ebensowenig jener, der in einer gedruckten Geschichte vorkomme, die den Titel führe: Zweiter Teil des Don Quixote de la Mancha, und die von einem gewissen de Avellaneda [...] verfaßt sei. Der Dorfrichter leitete die Verhandlung in aller Form Rechtens ein. Die Erklärung wurde nach den Vorschriften und Regeln für solche Fälle ausgefertigt, worüber Don Quixote und Sancho große Freude bezeigten, als hätte eine solche Erklärung Gott

[15] Dieses und die folgenden Zitate aus: Miguel de Cervantes Saavedra, *Don Quixote*, übersetzt von Felix Poppenburg, 2 Bände, Leipzig (Insel-Verlag) 1914.

weiß welchen Wert für sie, und als wären ihre Worte und Werke nicht hinreichend, den Unterschied zwischen den beiden Don Quixotes und den beiden Pansas deutlich zu zeigen.« (Teil II, S. 732) Ein Stück Autorschaft als Textfigur hat Avellaneda sich immerhin gesichert.[16]

In einem letzten Beispiel will ich Ihnen zeigen, daß man die Vernetzung noch ein paar Knoten enger knüpfen kann. Erich Kästner, Autor des Jugendbuchs ›Das fliegende Klassenzimmer‹ (1933) erzählt in einem Kapitel vor dieser Weihnachtsgeschichte, wie sie zustande kam; erzählt von einem Gespräch zwischen Erich Kästner und seiner Mutter und dem Entschluß – im Hochsommer – an die Zugspitze zu fahren, um wenigstens durch den Anblick von Schnee animiert zu werden. In einem zweiten Kapitel vor der Geschichte erzählt er kurz die traurige Kindheitsgeschichte von Johnny Trotz als Alternative zu albernen Heile-Welt-Kinderbüchern. Johnny gehört dann zu den Figuren der Geschichte. In einem Nachwort zu der Geschichte erzählt er, daß er in Berlin auf dem Kurfürstendamm in einem Café sitzt und das Nachwort schreibt, in dem er sich an die Vorwegkapitel erinnert und in dem er erzählt, daß ihm gerade eben Johnny Trotz begegnet sei, mit dem er sich zu dessen Verwunderung über seine Kenntnisse über seine und seiner Kameraden Erlebnisse in der Geschichte und ihr weiteres Ergehen unterhalten habe. Und nun die zusätzlichen Verknüpfungen: In der schönen ersten Verfilmung des fliegenden Klassenzimmers[17] von 1954, zu der Erich Kästner das Drehbuch geschrieben hat, wo möglich wortgleich mit seinem Buch, kommen auch die beiden Vorkapitel und das Nachwort vor – und der Schauspieler, der die Autorfigur spielt, ist: Erich Kästner. Wie man von Fotos, die ihn abbilden sollen, wissen kann.

Ich hätte Ihnen zum Verhältnis Leser-Text-Autor und der Mitspielbereitschaft der Leser nun noch gerne wunderbare Geschichten aus der Diskussion um literarische Fälschungen erzählt. Und wie das Thema Fälschungen selber Erzählgegenstand in zeitgenössischen Romanen geworden ist[18] – unsere Zeit reicht leider nicht. Statt dessen möchte ich Ihnen den Dichter Wilhelm von Aquitanien in Erinnerung rufen, den angeblich ersten Trobador (1071–1127), der in dieser Ringvorlesung schon einmal zitiert worden ist, mit der

[16] Vgl. JOHANNES HÖSLE, *Alonso Fernández de Avellanedas Fortsetzung des ›Don Quijote‹*, in: *Gefälscht!* Betrug in Politik, Literatur, Wissenschaft, Kunst und Musik, herausgegeben von KARL CORINO, Nördlingen (Greno) 1988, S. 162–173.

[17] *Das fliegende Klassenzimmer*, 1954, Drehbuch: ERICH KÄSTNER, Regie: KURT HOFFMANN, Video by Universum Film.

[18] Vgl. etwa: ANDREAS HÖFELE, *Der Autor und sein Double*. Anmerkungen zur literarischen Fälschung, in: Germanisch-Romanische Monatsschrift 49 (1999), S. 79–101.

ersten und der letzten Strophe eines Gedichts, an denen Sie den Sinn des Unsinns jetzt vielleicht ein bißchen besser verstehen können[19]:

Farai un vers de dreyt nien:
non er de mi ni d'autra gen,
non er d'amor ni de joven,
        ni de ren au,
qu'enans fo trobatz en durmen
        sobre chevau.

Fag ai lo vers, no say de cuy;
e trametrai lo a selhuy
que lo·m trametra per autruy
        lay vers Anjau,
que·m tramezes del sieu estuy
        la contraclau.

Ich werde ein Verslied machen recht über nichts:
es wird nicht sein von mir noch von andern Leuten,
es wird nicht sein von der Liebe noch von der Jugend
und auch nicht von etwas anderm,
da es ja gefunden wurde im Schlafen –
auf einem Pferd.

Ich habe das Verslied gemacht, ich weiß nicht, über wen;
und ich werde es schicken an eben den,
der es mir weiterschickt an jemand andern,
hinüber nach Anjou,
daß der mir schicke für sein Etui –
den Dietrich.[20]

[19] *Mittelalterliche Lyrik Frankreichs* I. Lieder der Trobadors, provenzalisch/deutsch, ausgewählt, übersetzt und kommentiert von Dietmar Rieger, Stuttgart (Philipp Reclam jun.) 1980, S. 16/18.

[20] Übersetzung von mir (mit Dank für Hilfe von Dietmar Riegers Übersetzung, vgl. vorher).

Edition[1]

Über Verstehen und Festhalten, über Festhalten von Verstandenem und Verstehen von Festgehaltenem möchte ich zu Ihnen reden beim Thema: Edition! Was ist Edition?!

Vor einiger Zeit habe ich bei uns im Institut vom Schwarzen Brett der Mediävistik einen Prospekt gestohlen, der meinen Blick eingefangen hatte mit einem Satz in Schriftgröße 28 Punkt: »Der ›Faust‹, wie Goethe ihn geschrieben hat.« Mein Blick ließ sich einfangen, weil ich die Vorlesung ›Edition‹ für meinen Ringvorlesungspart noch nicht geschrieben, vor allem, weil ich noch keinen Einfall für den Anfang hatte. Als ich den Prospekt in der Hand hielt, konnte ich ihn mir näher vors Auge halten und sah in großem Abstand unter dem etwas rätselhaften Satz »Der ›Faust‹, wie Goethe ihn geschrieben hat.« in 11 Punkt fett: »Johann Wolfgang Goethe [neue Zeile] Faust. Zwei Teilbände«. Darunter in kleinem Abstand, 10 Punkt nicht mehr fett: »Herausgegeben von Albrecht Schöne, DKV [Deutscher Klassiker Verlag] Taschenbuch 1, 1976 Seiten. € 25,-«.

Darunter, in etwas größerem kleinem Abstand, folgt in 12 Punkt (zu Beginn eine Initiale über drei Zeilen) folgender Text: »Die vorliegende Ausgabe gibt das Gesamtwerk zum ersten Mal in der Druckgeschichte der *Faust*-Dichtung in einer wirklich zuverlässigen, authentischen Textgestalt. Darüber hinaus enthält der Textband Goethes ›Leseanweisungen‹ zum *Faust*, außerdem die vom Herausgeber aufgrund der Handschriften vorschlagsweise rekonstruierte *Satansmesse* der *Walpurgisnacht*. Der Kommentar wirft so manchen gelehrten Ballast der 160jährigen Geschichte der *Faust*-Deutung ab und erschließt für weite Bereiche Neuland.«

Darunter wiederum, in noch etwas größerem kleinem Abstand, drei Reklame-Sätze untereinander, in 12 Punkt, rot, mit einer Raute, wie auf der Spielkarte Karo, vor jedem Satz:

♦ Das Zentralwerk der deutschen Klassik erstmals in wirklich zuverlässiger authentischer Textgestalt [das hatten wir schon, D.p.]

[1] Vortrag in der Ringvorlesung »Einführung in die Literaturwissenschaft«, Wintersemester 2005/2006, am 10. Januar 2006. Letzte Fassung: Ringvorlesung am 19. Mai 2009.

♦ Umfassendste *Faust*-Edition auf dem aktuellen Stand der Forschung (6., revidierte Auflage)

♦ Bahnbrechender Kommentar

Na, bitte! da haben wir doch, wie es scheint, wenn auch in etwas bramarbasierender Rede benannt, alles in allem, was für eine Edition wichtig ist. Wenn nicht gar, was eine Edition überhaupt ausmacht.

»Der *Faust*, wie Goethe ihn geschrieben hat« – stellen wir uns nicht blöder und nicht unbelesener als wir sind. Rätselhaft ist der Satz nur, wenn ich ihn, den Reklamegestus dabei verfehlend – wörtlich nehme: Mit Federkiel und Tinte auf Papierblätter? oder in ein Heft? oder mehrere Hefte? oder Hefte mit zusätzlichen eingelegten Blättern? Naja. Klar, daß Albrecht Schöne nicht diese Blätter rausrückt und über den Verlag verscherbelt. Die liegen im Tresor und werden nur bei allergewichtigsten Gründen herausgenommen. Wenn aber nicht das Original gemeint ist, das Goethe mit eigener Hand geschrieben hat (oder gibts eh nur eine Reinschrift, die Veronica Ferres – nein, Christiane Vulpius, oder sein Sekretär hergestellt hat und die der Autor dann vielleicht nochmal korrekturgelesen hat? das erführen wir alles in dem Teil der Edition, in dem sie sich selbst darstellt, wie sich das für eine anständige Ausgabe gehört), wenn also nicht das Original im Panzerschrank der Handschriftenabteilung gemeint ist, dann entstehen mir eine Reihe von Fragen, die ich Ihnen vorstellen will, aber nicht systematisch beantworten. Denn die Antworten wären nur entsprechende Reihen von Definitionen, die von den verschiedensten Interessen bestimmt und deshalb sehr verschieden wären; mit ihnen könnte man eine prächtige Liste von Abprüfungsfragen erstellen; ich will Sie aber hier zum Aufmerksamwerden und Verstehen anregen und nicht auf eine Abprüfung vorbereiten (selbst, wenn Ihnen das mißfallen sollte). Also die Punkte, wo ich Genaueres wissen wollte! Ich verlasse jetzt die Figur Goethe, weil so Ähnliches wohl für alle Werke gilt, die verkauft und gekauft, also unter die Leute gebracht werden sollen und wollen, auch solche, die keine Zentralwerke der deutschen Klassik sind; und die möglichen Fragen: was ist zentral, was ist ein Werk, was ist deutsch, was ist Klassik, lasse ich deshalb, wenigstens vorläufig, beiseite; und die Wörter »erstmals« und »wirklich« lasse ich als Reklamehypertrophien oder -übertreibungen auch außer Acht, oder nein, vielleicht doch nicht.

Das deutsche Wort ›Ausgabe‹ ist offensichtlich die wörtliche Übertragung des lateinischen Worts *ēditio*, das aus der spätantiken lateinischen Buchkultur stammt. Ich konnte nicht finden, seit wann es das deutsche Wort mit dieser

Bedeutung gibt, im Mittelhochdeutschen jedenfalls noch nicht, in Zedlers Encyclopädie (1731–1754) ist ›Ausgabe‹ als ›Edition‹ zu finden.

Bedeutsam scheint das Wort »Gesamtwerk«, das hier den gesamten *Faust* meint und nicht das gesamte Œuvre Goethes. Zur Edition gehört die Vorstellung von der Vollständigkeit des edierten Textes; seine Vollständigkeit scheint weder der Text selbst, noch sein Autor mit Selbstverständlichkeit kundzutun; die Rede »Die vorliegende Ausgabe gibt das Gesamtwerk zum ersten Mal in der Druckgeschichte der *Faust*-Dichtung in einer wirklich zuverlässigen, authentischen Textgestalt« macht klar, daß alle Attribute, mit denen die vorliegende Ausgabe geschmückt wird, hier zum ersten Mal zutreffen, auch der Ausdruck »umfassendste Edition«, das heißt, der Text war in seiner Druckgeschichte noch nie vollständig ediert. Das wiederum heißt: Die Vollständigkeit war bisher auch für kluge Editoren nicht zu überblicken, oder: Die bisherigen Editoren waren nicht klug genug, oder: Verschiedene Editoren haben verschiedene Ansichten, was einen Text vollständig und eine Edition umfassend oder gar umfassendst macht. Die letzte Möglichkeit läßt die Brauchbarkeit der Wörter »erstmals« und »wirklich« in Bezug auf eine Edition bedenklich erscheinen, ich meine: Die Vorstellung von einem Original, das unzweifelhaft seine vollständige Originalität zeigte, wird mit ihr zweifelhaft.

Nach diesen Überlegungen können wir mit den übrigen Attributen einer Edition – auch wenn wir sie vorher schon von ihren werbeträchtigen Superlativismen befreit haben – ein wenig skeptisch umgehen, nicht mit überheblichem Dummzweifel »was soll der Quatsch!«, sondern mit dem immer notwendigen philologischen Zweifel, der grundsätzlich durch Selbernachprüfen, durch Autopsie, sicherstellen möchte, daß nicht einer behauptet, er könne beliebig embryonale Stammzellen reproduzieren – und alles ist erstunken und erlogen. Also: Eine Edition ist zuverlässig. Mein Prospekt redet von »wirklich zuverlässig«, was die Möglichkeit von Fehlern denkt, nur für diese Edition ausschließt. Menschen sind fehlbar, auch wenn sie keine Fälscher sind. Deshalb prüfen Benutzer und Nachfolger immer wieder. Was nicht ausschließt, daß auch sie wieder fehlbar sind, weshalb zuweilen eine frühere Ausgabe, die dem Ausschluß als »gelehrter Ballast« und nicht mehr »aktuelle Forschung« zum Opfer gefallen ist, zu neuen verdienten Ehren gelangen kann. Die neueste Edition muß nicht die beste sein. Gemeinhin gehen wir davon aus, daß Herausgeber ihr Handwerk verstehen und modernste Mittel und auch Technik der Analyse des zu edierenden Texts mit Verstand und Einfallsreichtum eingesetzt haben, zur Not einschließlich der Möglichkeiten, wie sie nur ein Landes- oder Bundeskriminalamt hat. Die Editoren werden in ihrer Edition alle Wege vom Original zur gedruckten Version in jedem Detail offenlegen und nachvollziehbar machen. Nur eine solche Edition ist eine kritische, das heißt: eine zum Durchblicken. Nur mit solchen werden Sie als Philologen arbeiten.

Eine Edition gibt das Werk in einer authentischen Textgestalt. »Authentisch« scheint mir nicht viel andres zu heißen als ›zuverlässig‹ und ›original‹, sicher zum Autor gehörig; es ist einfach das griechische Wort für ›zuverlässig verbürgt, eigenhändig gefertigt‹, für Urkunden etwa. Bemerkenswert ist der Ausdruck: Die Edition gibt! das Werk in einer Textgestalt. »In einer Textgestalt geben« heißt – das können wir authentifizieren wie wir wollen: Es sind auch andere Textgestalten, andere Gestalten, Gestaltungen des selben Texts denkbar und möglich. Erinnern wir uns an unsere Überlegungen zur Vollständigkeit von vorhin, die die Vorstellungen von »umfassend« und »vollständig« in einer Abhängigkeit vom Editor gedacht haben. Das selbe gilt hier, jetzt also in einem umfassenderen Sinn (falls man ›umfassend‹ steigern kann) für die ganze Gestalt des Textes, für seine Gestaltung, für seine Herstellung, wie man auch sagt: Die Edition, die sich nach allen Regeln der Kunst um eine dem Autor gerechtwerdende Textgestalt bemüht, ist nicht unabhängig vom Editor, seinen Fähigkeiten, Möglichkeiten, Absichten, ist abhängig von seinem Verständnis des Textes. Das Textverständnis, eines Editors ebenso wie eines Lesers, gehört immer zur Authentizität des Texts. Der Text und sein Interpret sind nicht voneinander zu trennen. Deswegen dürfen und sollen Sie in Ihren Arbeiten auch ›ich‹ sagen. Wer Ihnen was andres einreden möchte, ist nicht auf dem heutigen Stand von Erkenntnis über das Verhältnis von Beobachter und beobachteter Realität. Er behauptet explizit oder implizit, daß der Text einen unabhängigen Sinn in sich oder aus sich haben müsse, den es objektiv zu verstehen und wiederzugeben gälte. Nun, einen deutschen Satz: »Der Text hat einen von jeder Interpretation unabhängigen Sinn, den sein Autor ihm gegeben hat, in sich selbst« kann man schon formulieren, er ist syntaktisch korrekt, inhaltlich ist er unsinnig, ich kalauere, weil ein Text keine Sinne hat; sinnbegabte Menschen machen etwas Sinnvolles mit ihm, bei der Erfindung, beim Umgang mit ihm. Menschen, die trotz ihren Sinnen einen Sinn außerhalb ihrer Sinnenwelt setzen möchten, können solche Sätze sagen und mögen – als religiöse Äußerung, als Glaubenssätze. Was irdische Texte angeht, solche aus Luft oder Tinte, haben allerdings schon die würdigsten christlichen Kirchenväter die Setzung des Wortes Gottes »In principio erat verbum et verbum erat apud deum et deus erat verbum« [Im Anfang war das Wort und das Wort war bei Gott und Gott war das Wort – interessant das Präteritum *erat*; *Johannesevangelium*] sorgfältig unterschieden von ihrer Gestaltung durch menschliche Münder und Hände. Diese Gestaltung ist allemal und erst recht nach dem katastrophalen Ende des Turmbaus zu Babel menschlicher Fehlerhaftigkeit verbunden. Das heißt: Was haben die gehört, die Gottes Wort unmittelbar von Gott gehört haben, und was haben die aufgeschrieben, denen Gottes gehörtes Wort in die Finger geraten ist? Meinethalben, im Anfang war das Wort!, aber schon die erste Reaktion des ersten Hörers war die Frage »wie, bitte?«, auch wenn er sie nicht gestellt hat.

Erinnern Sie sich in Gedanken und Gedenken mit mir eines der größten und gelehrtesten Kirchenväter des antiken Hellenismus, des Origenes aus Alexandria, der eine kritische Ausgabe des bei den Christen so genannten Alten Testaments machte, eine Edition in sechs Spalten (Hexapla, die Sechsfache, genannt), in denen er die ihm erreichbaren Versionen des Wortes Gottes, wie Menschen es verstanden hatten, zum Vergleichen nebeneinander stellte: In hebräischer Sprache, sodann diese Version in griechischer Transcription, und vier verschiedene griechische Übersetzungen, eine davon die berühmte Septuaginta. Origenes, geboren um 185 nach unserer Zeitrechnung, soll 254 an den späten Folgen einer kaiserlichen Folter gestorben sein; nach dem Konzil von Nicäa 325, einem vornehmlich antiketzerischen Konzil der orthodoxen Selbstbestätigung, wurde sein großes theologisches Œuvre, wohl vor allem aufgrund der Rezeption von Möchtegernschülern, Origenisten, mit denen er kaum einverstanden gewesen wäre, für ketzerisch erklärt und ging daher zum größten Teil verloren; die Reste waren von höchster Bedeutung für die folgende mittelalterliche Theologie, besonders, was die Unterscheidung verschiedener Arten von Sinn im Heiligen Text angeht. Wir können sagen, in der Hexapla haben wir den Anfang abendländischer Textedition, die versucht, den Widerspruch zwischen Gottes, des *auctors*, unantastbarem Wort und dem gebrechlichen Verstehen seiner menschlichen Hörer zu verstehen und für weitere Kritik festzuhalten. Kritische Edition ist im Ursprung nichts anderes als die Frage, was hat Gott wirklich gesagt, oder auch: was hat er wirklich gemeint? Sie ist ein möglicher Umgang mit einem Autor, grundsätzlich vernünftig ist sie insofern, als ›vernünftig‹ von ›vernehmen‹ abgeleitet ist, und das heißt ›wahrnehmen, aufnehmen, zuhören‹.[2]

Heute leben wir, Gott sei Dank, in einer Kultur, in der Kritik am Wort Gottes, Kritik an jedem Autor und an jeder Edition und ihrer Kritik das Selbstverständlichste von der Welt ist. Das muß auch so bleiben. Ich halte es für nützlich und notwendig, daß wir uns immer wieder klar machen, welch weiter Weg bis zu dieser Errungenschaft ging. Nicht wenige sind auf dem Weg der Textkritik in ihrem weitesten Sinn zu Tode gekommen. Ich möchte nochmal an die Vorstellung erinnern: Was haben die gehört, die zum ersten Mal aufgeschrieben haben. Für uns Germanisten ist nützlich, uns vorzustellen: Was haben die gehört und in welchen Aufschreibekategorien haben die

[2] Zur Canonisierung der biblischen Texte vgl. vorn, S. 16.

gedacht, was haben die für Schwierigkeiten gehabt, die auf die Idee gekommen sind, Texte in einer ihrer germanischen Sprachen, Texte in Theodisc, mit den Buchstaben für römische Sprache aufzuschreiben. Da mußte einer, der, sagen wir mal, in der Oberpfalz geboren wurde, vermutlich eh nur einer aus einem Geschlecht von Edelmenschen, genügend Klugheit zeigen und Gelegenheit kriegen, an einer Klosterschule, vielleicht im niederbayerischen Regensburg, an Bildung zu gelangen. Er lernte geistliche Literatur kennen in einer ihm fremden Sprache und der einzigen Schrift, die es damals im Abendland gab, Latein. Er lernte die Literatur nicht nur hören, sondern vielleicht auch lesen, vielleicht sogar schreiben, auf Latein. Er zeigte sich anstellig, er blieb beim Lesen und Schreiben, man schickt ihn zur weiteren Bildung vielleicht nach Südrheinfranken, ins Kloster Weißenburg, vielleicht nach Sankt Gallen, vielleicht nach Fulda. Überall sprach man geistliches Latein, zur Übung vielleicht auch über die Küche in Küchenlatein, überall klang es anders, überall schrieb man es eher mehr als weniger gleich. Überall gab es Versuche dieser Lateiner, denen Latein nicht die Muttersprache war, auch ihre Muttersprache zu schreiben, Texte, die sie in ihrer Muttersprache gelernt hatten, nicht sehr heilsträchtige aber tolle Gedichte, mit lateinischen Buchstaben aufzuschreiben. Ohne jede Schreiberegel, die gab es nicht, fürs Oberpfälzische nicht, fürs Niederbairische nicht, fürs Alemannische nicht, fürs Rheinfränkische und Fuldische nicht, von den Sprachen aus den Sümpfen weiter nördlich ganz zu schweigen. Wie ein solcher spielerischer Versuch aussehen kann, können Sie an der ältesten Edition des mehr als halb heidnischen *Hildebrandslieds* aus der ersten Hälfte des 9. Jahrhunderts sehen: Ein sehr schwer durchschaubares Kuddelmuddel von Vulgärsprache und Transcription und Heldendichtung. Es ist geradezu unglaublich, daß schon kaum ein halbes Jahrhundert später der Gelehrte Otfrid aus Weißenburg die evangelischen Geschichten von Jesus Christus als Gesamtroman gereimt und geverst in eigener otfridischer Dichtersprache erzählt, mit Kommentaren und Interpretationen durchsetzt, und in einer eigenhändig korrigierten und noch verbesserten Fassung als Ausgabe letzter Hand herausgibt, nicht als Druck natürlich, sondern als individuelle Handschrift, die uns wunderbarerweise auch noch überliefert ist. Die wir ihrerseits aber nicht als Facsimilien, als quasiidentische Kopien verbreiten, sondern als Gemeintes zu verstehen suchen und interpretieren und in lateinischen Druckbuchstaben edieren – heute ganz demokratisch für fast jeden, der sich bilden und kritisch lesen will, erschwinglich. Und die Schwierigkeiten frühmittelalterlicher und späterer Literaturproduktion sind uns fast egal, teils müssen sie uns egal sein, weil wir vieles darüber nicht oder noch nicht wissen, teils dürfen sie uns egal sein, weil die Editionen uns ermöglichen, uns eher auf Sinnverstehen und Sinngeben zu konzentrieren. Wir sollten darüber nicht vergessen, unsern zweifelnden, unterscheidenden, diskriminierenden, kritischen Blick zu schulen, denn einen unabhängigen Sinn gibt es nicht.

Drum möchte ich Ihnen zum Schluß an einem Beispiel eines zeitgenössischen Gedichts Editionsprobleme noch einmal sinnfällig machen. Das Gedicht ist 2005 erstmals gedruckt[3], die Dichterin heißt Margret Hölle, die Sprache ist Oberpfälzisch, das niemals eine Schreibsprache geworden ist, bis heute nicht. Ich projiziere es Ihnen in der Transcription der Dichterin an die Wand, ich stümpere es Ihnen vor, wie wenn ich von Oberpfälzisch keine Ahnung hätte, nur von den Lautwerten lateinischer Buchstaben in meinem Hochdeutsch:

A Dröpfö Zeit

Lus
s Hirz schlagt
schdaad wern

nix wöilln
blous schbiern
daß d lewende bist

a Dröpfö
Zeit
aaffanga . . .

dei Zeit

döi niad
möhia
wird

Etwa so stümperhaft eigensprachlich lesen wir gemeinhin Otfrids Althochdeutsch aus Südrheinfranken oder Wolframs Mittelhochdeutsch aus Ost-Mittelfranken. Und so wurden die wohl schon von vielen Schreibern und Abschreibern im Mittelalter gelesen. Wie sollen wir da Autoren edieren, von denen wir kein Original, schon gar kein eigenhändig korrigiertes haben? Die

[3] Margret Hölle, *Zeit aaffanga*. Gedichte und Geschichten, Viechtach (lichtung verlag) 2005, S. 7.

Schwierigkeiten mit den zuverlässigen, authentischen Texten sind nicht weniger geworden.

Jetzt mache ich Ihnen noch eine Übersetzung und zum tröstlichen Abschluß lese ich Ihnen Margret Hölles Gedicht noch so vor, wie ich ihrer Ausgabe Klang und Sinn zu geben vermag; ich kann Oberpfälzisch, wenn auch das aus Weiden und nicht das von Frau Hölle aus Neumarkt.

Hans Ried zu seinem Recht verhelfen. Die Edition von *Otnit – Wolf Dietrich* A mit Übersetzung und Kommentar[1]

Ohne es weiter in den erzählerischen Zusammenhang einer eindrucksvollen Kindsmordversuchsszene zu ordnen, zeige ich Ihnen ein kleines philologisches Problem. In der Ausgabe des Doppelromans *Ortnit* und *Wolf Dietrich* von Arthur Amelung aus dem Jahr 1871[2] steht im ersten Vers der Strophe 99: *Swaz wildes ezzen niuzet, / daz mac wazzers niht enbern*. Das heißt auf Neuhochdeutsch: Alles Wild, das frißt, kann auf Wasser nicht verzichten, etwas wörtlicher am Text entlang: Alles Wild, das Essen zu sich nimmt, das kann des Wassers nicht entbehren. Mittelhochdeutsch *niezen*, mit Nutzen und Nießnutz verwandt, heißt ›gebrauchen, verwenden‹ in sehr allgemeinem Sinn. An dem Satz ist kein Problem. Das kleine philologische Problem, das ich Ihnen zeigen will, um auf größere zu kommen, liegt darin, daß das Wort *niuzet* nicht im Text der Handschrift steht, die diesen Roman in dieser Form als einzige überliefert: das Ambraser Heldenbuch, für den Kaiser Maximilian von 1504 bis 1516 geschrieben von einem Schreiber mit einer überaus schönen Handschrift: von Hans Ried.[3] In der Handschrift steht, ohne die geringste Möglichkeit, es anders zu lesen, wenn das Hirn frei und aufgeschlossen ist, das Wort *můesset*, der ganze Vers also so: 99,1 *Was wildes essen můesset / das*

[1] Vortrag im Forschungskolloquium, Sommersemester 2009, am 7. Juli 2009. Vorgetragen beim XXXVII. Internationalen Mediävistischen Colloquium in Kerhostin, St. Pierre-Quibéron, Bretagne, vom 6.–13. September 2009. Letzter Stand: Ringvorlesung im Sommersemester 2010, am 18. Mai.

[2] *Ortnit und die Wolfdietriche*, nach Müllenhoffs Vorarbeiten herausgegeben von Arthur Amelung und Oskar Jänicke, Dublin und Zürich (Weidmann) 1968 [unveränderter Nachdruck der ersten Ausgabe von 1871]. Nach der überwiegenden Schreibung in der Überlieferung des Otnit- und Wolf Dietrich-Stoffs und vor allem nach der Schreibung bei Ried heißt der Held Otnit (eine gutgermanische Namenskomposition aus Besitz, *ôt*, und Aggression, *nît*). Vgl. George T[urland] Gillespie, *A Catalogue of Persons Named in German Heroic Literature* (700–1600). Including Named Animals and Objects and Ethnic Names, Oxford (Clarendon Press) 1973, S. 100–102.

[3] Hans Ried ist 1516 gestorben, eine Miniatur (fol. CCXV^{r}) enthält die Jahreszahl 1517.

mag wasser nicht empern.[4] Amelung gibt im Apparat seiner Ausgabe sorgfältig an, daß *nuesset* [!] bei Ried steht und *wasser.* Zwar hat Amelung den *Wolf Dietrich* nur in zwei Abschriften vorliegen gehabt, die Franz Goldhann in Wien gemacht hat, eine für Ludwig Uhland, die Karl Müllenhoff in die »gewöhnliche mittelhochdeutsche Orthographie umgesetzt« hat, die zweite aus dem Besitz von Friedrich Heinrich von der Hagen, der schon vor Amelung eine *Wolf Dietrich*-Ausgabe nach dieser Abschrift gemacht hat (1855)[5], zum Vergleichen[6] – er hat also das *nuesset* mit dem *n* statt *m* und dem fehlenden *o* über *u* nicht allein zu verantworten, aber auch auf *nuesset* kann man nicht einfach durch ›Verlesen‹ oder ›Verschreiben‹ kommen. Immerhin ist es in dem Wörterbuch[7] der Zeit nicht belegt und erscheint daher so unsinnig, daß man auf den Gedanken kommen kann zu konjizieren. Vom Text der Handschrift her gibt es allerdings keinen Grund einzugreifen.

Das diakritische Zeichen über *u* (*ů*) im handschriftlichen *müesset* kann anzeigen, daß ein mittelhochdeutscher Diphthong *uo* gemeint ist. Es kann Umlaut anzeigen (*ůe* = *üe*)[8]. Es kann ein *u* von den oft ähnlichen *n* unterscheiden (unser späterer u-Haken). Es kann auch fehlen und trotzdem das Besagte bedeuten. Ohne konjekturalen Eingriff kommen wir hier auf ein belegtes schwaches mittelhochdeutsches Verb *müezen*, das Ried statt mit dem *z* oder geschwänzten *ȝ* für das scharfe Lautverschiebungs-*s*, das er, wenn ich das recht sehe, nur oder fast nur bei der Konjunktion *daȝ* schreibt, mit Doppel-*s*

[4] *Ambraser Heldenbuch.* Vollständige Facsimile-Ausgabe im Originalformat des Codex Vindobonensis Series Nova 2663 der Österreichischen Nationalbibliothek, Kommentar Franz Unterkircher, Graz – Austria (Akademische Druck- u. Verlagsanstalt) 1973 [Codices Selecti Volumen XLIII]. Hier fol. CCVII[rc]. Ein Digitalisat ist erreichbar über Wikipedia → Ambraser Heldenbuch → Einzelnachweise → Codex Wien, Österr. Nationalbibl., Cod. ser. nova 2663 → (= Handschriftencensus → Abbildung: Farb-Abbildung des gesamten Codex (*Otnit*, beginnt fol. CXCVI[r] bei scan 409)).

[5] Friedrich Heinrich von der Hagen, *Heldenbuch.* Altdeutsche Heldenlieder aus dem Sagenkreise Dietrichs von Bern und der Nibelungen. Meist aus einzigen Handschriften zum erstenmal gedruckt und hergestellt, Band 1, Leipzig 1855, S. 73–151.

[6] Amelung (sieh Anm. 2), Vorrede S. V (unpaginiert).

[7] *Mittelhochdeutsches Wörterbuch*, mit Benutzung des Nachlasses von Georg Friedrich Benecke, Leipzig (S. Hirzel) 1854 (Band I, ausgearbeitet von Dr. Wilhelm Müller), 1863 (Band II/1, bearbeitet von Friedrich Zarncke), 1866 (Band II/2, bearbeitet von Wilhelm Müller), 1861 (Band III, bearbeitet von Wilhelm Müller), dritte Nachdruckauflage: Hildesheim/Zürich/New York (Georg Olms) 1986.

[8] Das ist die häufigste Funktion von *ůe*; nicht umgelauteter Diphthong ist gemeint zum Beispiel in: *thůend* (Reim auf *stuend – ue* steht sehr oft für mhd. *uo*), fol. III[ra] 16f.; oder in: *got der gůete*, fol. CXCVII[va] 37f. Vgl. noch Thomas P. Thornton, *Die Schreibgewohnheiten Hans Rieds im Ambraser Heldenbuch*, in: Zeitschrift für deutsche Philologie 81 (1962, S. 52–82, hier zu *ůe* = *uo*: S. 72).

schriebe, das zu *muoze* ›Muße‹ gehört und ›nötigen, zwingen‹ heißt und hier im Text nicht sinnvoll ist. Oder wir kommen auf das ebenfalls belegte mittelhochdeutsche schwache Verb *muosen*, das zu *muos* ›Essen, Speise‹ gehört und ›essen‹ bedeutet – auf Mittelhochdeutsch essen auch Tiere (denken Sie an *äsen* und *Aas*), eine Differenzierung in menschliches Essen und tierisches Fressen ist neuhochdeutsch[9]. Der Kringel über dem *u* markiert also das *u* oder ausdrücklich den Nichtumlaut, die Schreibung Doppel-*s* statt Einfach-*s* ist bei Ried häufig und hat sich mir bisher nicht als sehr regelhaft erschlossen[10], viele Konsonantenhäufungen haben für mich etwas Spielerisches, allenfalls Experimentelles. Die Endung des Verbs (*-et*) kann eine dritte Person Singular Präsens Indikativ anzeigen, in der, wie bei Ried besonders in der Kadenz des Anverses, das *e* nicht synkopiert ist (also *můesset* statt *můesst*). Ein Zusammenhang von Rieds *můesset* mit dem Präteritopräsens *müezen* ›müssen‹ ist unwahrscheinlich, Ried schreibt dessen schwache präteritale Form mit analogem *t* (mhd. *muoste* statt *muosse*) ohne Auslaut-*e* mit einem *s* (vgl. in der selben und der folgenden Strophe *muest* = ›mußte‹, ganz häufig auch: *můst*).

Die Eingangsverse der beiden Strophen 99 und 100 (vgl. 100,1: *Was wildes wasser wolte / das muest et alles dar* – Alles Wild, das Wasser wollte, das mußte samt und sonders dorthin) wären also syntaktisch genau parallel gebaut, *essen* ist Substantiv wie *wasser*. Man kann in der Parallelität noch an einen kunstvollen semantischen Reim (*ezzen muosen*) in Strophe 99 und an einen beabsichtigten Stabreim (*Was wildes wasser wolte*) in Strophe 100 denken. Es gibt keinen vernünftigen Denkweg, der ein Verlesen oder Verschreiben von einem mittelhochdeutschen *niuzet* einer Vorlage zu einem Riedschen *můesset* oder auch nur zu einem von Goldhann um eine Haste verlesenen *nuesset* führte. Bevor ich ein Diktum »Verlesen« oder »Verschreiben« akzeptiere, möchte ich einen plausiblen Weg von der Vorlage zur Abschrift gezeigt bekommen; allenfalls ein fehlendes, meinethalben auch überschüssiges Beinchen bei Folgen von *n*, *m*, *i*, *u* kann ich leichter akzeptieren. Wo Ried *niuzet* gefunden haben könnte, falls nicht die Vorlage schon den Diphthong hatte, hat er nach seinen Schreibregeln *neusset* (vgl. O 166,4 CXCVIII[vb] *geneusset*, mit einem halben o-Kringel über dem *u*, der das *u* bezeichnen, von einem *n* unterscheiden soll). Hermann Schneider, der in seiner *Wolfdietrich*-Ausgabe von 1931 trotz zustimmens- und lesenswerter Kritik an Amelungs Ausgabe (deretwegen er eine

[9] Bei Lexer (*Mittelhochdeutsches Handwörterbuch*, von Dr. Matthias Lexer, Leipzig (S. Hirzel) 1872 (Band 1), 1876 (Band 2), 1878 (Band 3), reprographischer Nachdruck, Stuttgart (S. Hirzel) 1979, ist *verezzen* nicht nach menschlich und tierisch geschieden. Das Verb *muosen* wäre bei BMZ (sieh Anm. 7) zu finden gewesen.

[10] Vgl. *halffet*, fol. CCVIII[va], Zeile 33.

neue macht) Amelung weitgehend folgt, hat an der hier sezierten Stelle, wenngleich den richtigen Verweis auf die Handschrift (S. XXVI), kommentarlos Amelungs Konjektur *niuzet*. Er hielt sie wohl nicht für nennenswert, da sie in seiner Ausgabe nicht kursiviert ist, wo er doch »jede nennenswerte Neuerung gegenüber der Hs. durch Kursivdruck gekennzeichnet« haben will.[11] Der Text lautet in unserer neuen Edition:[12] *Was wildes essen muoset, daz mag wasser niht embern* (Alles Wild, das Essen zu sich nimmt, das kann auf Wasser nicht verzichten). Es gäbe noch eine zweite, etwas weniger elegante, Erklärung für die Riedsche Form: Nach der entspräche sie Rieds häufiger Schreibung der 3. Person Singular des Präteritums mit altem Mittelvokal oder eingefügtem Sproßvokal und weggelassenem auslautendem Flexions-*e*, also statt *müessen/er müesste* oder *er müessete* ein Riedsches *müessen/er müesset*, das wir zu *muoste* normalisieren würden. Der Tempuswechsel von Anvers zu Abvers (Präteritum zu Präsens) würde etwas irritieren, aber er wäre nicht unsinnig. Das *embern* mit Akkusativ ist wohl neuhochdeutsch, es ist mittelhochdeutsch nicht belegt.

Das Beispiel ist symptomatisch für eine Eingreifwut an vielen, vielen Stellen, die mindest bei einem zweiten Blick den Eingriff erübrigen. Sie ist nur zu verstehen, wenn man eine grundsätzliche Skepsis gegenüber dem Text von Hans Ried annimmt. Und dementspechend ein grundsätzliches Wissen und Besserwissen von dem, wie ein mittelhochdeutscher Text auszusehen habe. Ein Wissen, das ich nach längerem Umgang mit den beiden Riedtexten *Otnit* und *Wolf Dietrich* nicht anstehe, eine Art Wahnsystem zu nennen. Es umfaßt die Vorstellungen – allgemein ›klassisch‹ genannt – von der Systematik der mittelhochdeutschen Laute, der Morphologie, der Syntax, der Semantik und ganz besonders der Reimtechnik und der Metrik, aber auch die Vorstellungen von Textchronologien, gattungsbestimmenden Merkmalen, Charaktereigenschaften von Autoren und Schreibern. Mein Beispiel halte ich auch deshalb für lehrreich, weil die Präferenz von *niuzet* oder *muoset* scheinbar inhaltlich nichts verschlägt. Es geht um die Philologie pur, auf die sich unsere philologischen Vorfahren so viel zugute halten. Verstoßen wurde gegen die erste Regel jeder Philologie: ad fontes. Dankbar will ich in Rechnung stellen, daß wir heute ein Facsimile zur Verfügung haben, das eine aufwendige Reise nach Wien weitestgehend erspart. Dennoch gab es die Möglichkeit, nach Wien zu

[11] *Wolfdietrich*. 1. Heft. Der echte Teil des Wolfdietrich der Ambraser Handschrift (Wolfdietrich A), herausgegeben von Hermann Schneider, Halle (Saale) (Max Niemeyer Verlag) 1931 [Altdeutsche Textbibliothek Nr. 28]. Hier S. XXV.

[12] Sie ist inzwischen erschienen: *Otnit·Wolf Dietrich*. Frühneuhochdeutsch/Neuhochdeutsch, herausgegeben und übersetzt von Stephan Fuchs-Jolie, Victor Millet und Dietmar Peschel, Stuttgart (Philipp Reclam jun.) 2013.

schreiben und dortige Kollegen um Nachprüfung zu bitten, was Amelung und Schneider auch getan haben[13] – bleibt freilich die Frage, welche Stellen den Herausgebern überhaupt fraglich sein konnten. Anderseits wissen wir Philologen, daß ein Hauptproblem unseres Handwerks ist, Zweifel dort zu haben, wo sich uns überhaupt kein Zweifel ergibt. Bei einem Unsinnswort *nuesste* wäre die Zweifelhaftigkeit allerdings schon offenbar. Hier überwog also bei Amelung wie Schneider die Unzweifelhaftigkeit einer Besserung aufgrund eines vorurteiligen Wissens vom vermeintlich richtigen Aussehen mittelhochdeutschen Texts, etwa in der gängigen Kompliziertheit des speziellen Präsenssingularvokalismus bei dem Verb *niezen*, und aufgrund der abschätzigen Beurteilung des vermeintlichen Frühneuhochdeutschen Hans Rieds und seiner unberechenbaren Unfähigkeit, die eine Frage, wie es zu einer Schreibung *nuesset* oder *müesset* kommen konnte, gar nicht aufkommen ließ. Von einem Wahnsystem, das myzelartig unser ganzes Fach durchzieht, mein Hirn eingeschlossen, rede ich angesichts der Tatsache, daß Hermann Schneider eine kluge und hellsichtige Kritik an Amelungs Edition schreibt, die richtige Schreibung aus der Handschrift vermerkt – und Amelungs (oder, wie er denken mochte: Müllenhoffs) Konjektur unbefragt und unbezeichnet stehen läßt. Einen Einwurf: »hat er halt übersehen« möchte ich nicht stehen lassen, sondern verstehen: warum. Eine Erklärung, gewiß noch oberflächlich und unzureichend, mag in einer Systemzugehörigkeit mit dem entsprechenden Kontinuitätsgefühl aller Beteiligten liegen, was sich bei Schneider so ausnimmt: »Es ist selbstverständlich, daß unsere Ausgabe in der Hauptsache an Amelung anknüpft, und dem wird äußerer Ausdruck dadurch verliehen, daß auch unser Laa.-Apparat den Amelungschen Text zum Ausgangspunkt nimmt. Es ist dafür gesorgt, daß über die Textgestalt der Hs. dabei an keiner entscheidenden Stelle ein Zweifel aufkommen kann, überdem ist ja in unserem Text selbst jede nennenswerte Neuerung gegenüber der Hs. durch Kursivdruck gekennzeichnet.«[14] Da haben Sie den Grund, weshalb wir nach monatelanger Arbeit an Amelungs Text, von dem wir meinten: da sind keine Rechte mehr drauf, den kann man einfach abdrucken, wir nehmen die gröbsten Fehler heraus

[13] Vgl. Amelung (sieh Anm. 2), Einleitung, S. V (unpaginiert). Vgl. Schneider (sieh Anm. 11), S. XXV, Anm. 1, wo er auch von ausgezeichneten Schwarzweißphotographien spricht. Amelung, der W (die Windhager Handschrift, Österreichische Nationalbibliothek, Wien, Cod. 2779, 1. Viertel 14. Jahrhundert, vgl. Joachim Heinzle, *Einführung in die mittelhochdeutsche Dietrichepik*, Berlin/New York (Walter de Gruyter) 1999) als Leithandschrift verwendet, hat für seine Ausgabe des *Ortnit* »eine vollständige abschrift benutzt, die im jahre 1849 von herrn Joseph Müller in Wien für herrn prof. Müllenhoff angefertigt wurde.« Vgl. Amelung (sieh Anm. 2), Einleitung, S. VI zu W.

[14] Schneider (sieh Anm. 11), S. XXIVf.

durch Vergleich mit der Handschrift, zu der Überzeugung kamen: Wir können uns aus den Verstrickungen, die uns an allen Ecken und Enden Zweifel bereiten, nur befreien, wenn wir Amelung Amelung sein lassen und nach der Handschrift eine neue Edition machen.

Wir haben die neue Arbeit sofort mit großer Lust aufgenommen und noch nicht richtig gewußt, was auf uns zukommen wird. Vor Jahrzehnten habe ich von Karl Bertau gelernt: In der Grammatik stehen oben die von den Philologen erfundenen Regeln, in den Anmerkungen steht, wies wirklich war.[15] Aber erst im Verstehenwollen von Hans Ried lernte ich, was das wirklich bedeutet. Wir müssen tendenziell jedes Wort, jede Form, jede Schreibung recherchieren, um Ried zu seinem Recht zu verhelfen, statt die Vorgaben der Grammatik zu bestätigen. »Ich fürchte, wir werden Gott nicht los, weil wir noch an die Grammatik glauben« hat Nietzsche geschrieben[16], vielzitiert, aber kaum auf den Umgang mit der mittelhochdeutschen Grammatik bedacht. Ich fürchte, unsere mittelhochdeutsche Grammatikvorstellung ist zutiefst fundamentalistisch-theologisch und zum wenigsten demokratisch-vielfältig-gleichberechtigt. Vielleicht hat unser Glaube an eine Mittelhochdeutsche Grammatik und unsere immer noch verbreitete mediävistische sprachhistorische Grundausbildung kollektiv unbewußt mit der alten fixen Idee von der Einheit der Deutschen in ihrer Sprache, mit der bis heute selbstverständlichen schulischen Ausrottung aller individuellen deutschen Zungen zu tun. Das als so zentralistisch verschrieene Frankreich hat – so weit ich das als Nichtromanist zu beurteilen wagen darf – in seinem Umgang mit den altfranzösischen Sprachen und Texten nichts Vergleichbares.[17]

[15] Dies Verhältnis hat sich in den neueren bis zur neusten Ausgabe der Mittelhochdeutschen Grammatik immer weiter zugunsten des »oben« verschoben.

[16] »Die ›Vernunft‹ in der Sprache: o was für eine alte betrügerische Weibsperson! Ich fürchte, wir werden Gott nicht los, weil wir noch an die Grammatik glauben … «, in: FRIEDRICH NIETZSCHE, Werke III, herausgegeben von KARL SCHLECHTA, Frankfurt/M – Berlin – Wien (Ullstein) 1976 [Lizenzausgabe des Carl Hanser Verlags, München, Nachdruck der 6., durchgesehenen Auflage 1969], *Götzen-Dämmerung*, Die ›Vernunft‹ in der Philosophie, 5, S. 960.

[17] Es kennen auch die Editoren englischer oder mittelniederländischer Texte nichts Vergleichbares, wie die Diskussion mit den Kollegen und Kolleginnen vom XXXVII. Internationalen Mediävistischen Colloquium (vgl. Anm. 1) gezeigt hat. Ja, es müssen sich deutsche Gelehrte durchaus Spott in der Kritik von Nichtdeutschen gefallen lassen, wie der deutsche Herausgeber von *Aucassin und Nicolette*, Hermann Suchier, von seinem englischen Kollegen in der Introduction zu seiner Edition (*Aucassin et Nicolete*, Edited with Introduction and Notes by F[RANCIS] W[ILLIAM] BOURDILLON, Manchester (University Press) third printing 1970 [first published 1919]: »The German professor had enjoyed the immense advantage of having the precious volume containing the unique text sent out to him from

Daß der Text des *Otnit* wie des *Wolf Dietrich* nicht von Hans Ried noch aus seiner Zeit stammt, nehmen wir selbstverständlich mit aller Literaturwissenschaft an. Weder wissen wir, wie alt die Vorlage von Hans Ried ist, noch wissen wir, was er an ihr bearbeitet haben könnte[18]. Die Argumente, die einen Dichter, einen Dichter, um 1200, allenfalls um die Mitte des dreizehnten Jahrhunderts annehmen, sind wenig überzeugend. Alle sind von dem Wunsch geprägt: Möglichst alt soll er sein. Eine singuläre *Eckenlied*-Strophe in den *Carmina Burana*[19], gestrophte Zitation des *Otnit*-Stoffs und des *Wolf Dietrich*-Stoffs im *Eckenlied*[20], kurze Nacherzählung des Stoffs in *Dietrichs Flucht*[21] besagen nur, daß Formeln und Motive zur *Eckenlied*- und zur BuchvonBern-

the Bibliothèque Nationale, to study at his leisure in his own surroundings. Under these circumstances Prof. Suchier succeeded in establishing definitely, with a few trifling exceptions the exact readings of the manu- script; although with a German professor's hankering after grammatical and philological exactitude he preferred in numerous cases to print a text according to his own standards rather than those of the MS., and relegated the actual readings of the latter to footnotes.« (S. XIV).

[18] Zu solcher Erkenntnis braucht es eine digitalisierte Transcription des ganzen Ambraser Heldenbuchs, wie sie Sonja Glauch mit ihren Schülern begonnen hat. Eine Transscription von *Otnit* und *Wolf Dietrich* unternehme ich gerade mit einigen interessierten Studierenden.

[19] CB 243a, eine Einzel- und Musterstrophe (stammt vielleicht als Eingang aus einer eignen Fassung eines *Eckenlieds*, ohne jeden Hinweis auf Otnit). Vgl. *Carmina Burana.* Die Lieder der Benediktbeurer Handschrift, zweisprachige Ausgabe, München (dtv) 3. Auflage 1985 (Handschrift um 1230), S. 608. Die Strophe findet sich inhaltlich fast gleich, formal in den Reimen leicht variiert als Strophe 69 im *Eckenlied* (sieh nächste Anmerkung).

[20] Vgl. die Strophen 21, 22 und 23 in: *Das Eckenlied*, mittelhochdeutsch/neuhochdeutsch, Text, Übersetzung und Kommentar von Francis B. Brévart, Stuttgart (Philipp Reclam jun.) 1986. Zur Datierung der Handschrift E_2 (Badische Landesbibliothek Karlsruhe, Donaueschingen 74) vgl. Joachim Heinzle, *Mittelhochdeutsche Dietrichepik.* Untersuchungen zur Tradierungsweise, Überlieferungskritik und Gattungsgeschichte später Heldendichtung, Zürich und München (Artemis) 1978, S. 291: »13./14. Jahrhundert, alemannisch«. Vgl. ders., *Einführung in die mittelhochdeutsche Dietrichepik* (sieh Anm. 13), zu E_2 S. 109f.: »Anfang 14. Jahrhundert, ostalemannisch (aus Konstanz?)« und ebenda, S. 110: »Karin Schneider: 2. Viertel des 14. Jahrhunderts«.

[21] Älteste Überlieferung dieser Passage angeblich: Riedegger Handschrift, Staatsbibliothek Berlin, Ms. germ 2° 1062 – Ende 13. Jahrhundert (vgl. Heinzle, Einführung in die mittelhochdeutsche Dietrichepik, sieh Anm. 12), S. 59. Sehr nahe verwandt die Überlieferung in der Windhager Handschrift W (die auch den Rieds *Otnit* ähnlichen *Ortnit*-Text enthält, Mitte 14. Jahrhundert, sieh Anm. 13). Sehr versteckt bis gar nicht wird der Leser von Edition und Literaturgeschichte allerdings darüber informiert, daß die Genealogie von Dietrichs Vorfahren, einschließlich der Otnitpassage, bis zu Wolf Dietrich hinunter in R und W gar nicht erzählt wird (das Fehlen ist beidemale nicht technisch bedingt – die Erzählung beginnt jeweils erst bei Wolf Dietrich). Vgl. *Dietrichs Flucht* in: Alpharts Tod.

Zeit zur Verfügung standen und verarbeitet wurden. Unbezweifelt sei, daß die Sing- und Erzählmotive bis in die Zeit vor der mittelhochdeutschen Schriftlichkeit zurückreichen. Wie weit, wissen wir so wenig wie bei aller *Nibelungenlied*-Forschung auch. Daß der einmalig schaurig-spektakuläre Tod eines Helden durch Drachenjunge in der Form *si sugen in durch das werc* »sie saugten ihn durch die handgearbeitete Rüstung« zum festen Zitiervers in aller *Ortnit/Otnit*-Bearbeitung und aller *Wolf Dietrich*-Bearbeitung mit *Ortnit/Otnit*-Einschub vielleicht über Jahrhunderte wird, muß einen nicht wundern.[22] Der *Otnit*-Stoff ist in einer der Riedschen sehr ähnlichen Fassung überliefert in einer Handschrift, die vor die Mitte des 14. Jahrhunderts datiert wird.[23] Diese Fassung ist Ried nicht so ähnlich, daß sie seine Vorlage gewesen sein kann, aber so ähnlich, daß man sicher sagen kann: Die direkte Linie seiner Vorlagen reicht bis in die Mitte des vierzehnten Jahrhunderts. Wenn wir also nun wissen, wie alt der Riedsche Text in sehr Riednaher Form gewesen sein muß, dann hätten wir schon einen Grund zu der Versuchung, ihn nicht einfach nach der Riedschen Handschrift in hundertfünfzig Jahre jüngerem Riedschem

Dietrichs Flucht, Rabenschlacht, herausgegeben von Ernst Martin [*Deutsches Heldenbuch*, zweiter Teil, 1866], 2. unveränderte Auflage, Dublin/Zürich (Weidmann) 1967; Martin ediert *Dietrichs Flucht* nach R als Leithandschrift; der in R und W nicht erzählte Teil von Dietrichs Genealogie wird vor allem aus A (Ambraser Heldenbuch, sieh Anm. 4) und vergleichend aus P (Universitätsbibliothek Heidelberg, Cpg 314, Papierhandschrift aus Augsburg, 1443/47, vgl. Heinzle, Einführung in die mittelhochdeutsche Dietrichepik, sieh Anm. 13) ergänzt.

[22] *er trůg In seinen kinden in einen holen perg / die mochten In nicht gewynnen vnd sugen In durch das werch*, Ried, Otnit, CCV^{rb}. – *Er trůg in mit gewalte* [. . .] *in ein holen berg. / er leit in vir die iungen: die sugent in durch daz werg* (der Drache hatte Otnit schon vorher getötet; Koflers Übersetzung in der Anmerkung »die saugten ihn durch den Ringpanzer aus« scheint mir auf einer falschen Verwendung des Kompositums ›aussaugen‹ statt dem Simplex ›saugen‹ zu beruhen: sie saugten ihn durch die Rüstung), Version D (handschriftliche Überlieferung und frühe Drucke 15. und 16. Jahrhundert), Ortnit und Wolfdietrich D. Kritischer Text nach Ms. Carm 2 der Stadt- und Universitätsbibliothek Frankfurt am Main, herausgegeben von Walter Kofler, Stuttgart (S. Hirzel) 2001, Strophe 830, S. 220. – *Er truog in mit gewalte beidiu berc unde ouch tal: / er leite in für diu jungen, diu heten grôzen schal / alsô wart der keiser in den berc getragen. / er wart der würme spîse daz will ich iu sagen* (der Drache hatte Otnit schon vorher getötet), Version B (handschriftliche Überlieferung 15. Jahrhundert), Amelung, Ortnit und die Wolfdietriche (sieh Anm. 2), Strophe 528, S. 246. – *Wie In der wurm slaffende vant / vor einer wilden Stainwant / Er trůg In hin in ein perg / die würme zugen In hin durch das werch* (»die zogen ihn durch die Rüstung heraus«), Ried, Dietrichs Flucht, LV^{vc}. – *ain wurm in slaffend zainer zit / vant vor aines staines wende / der trůk in den holen berk / und lait für die jungen: / die sugen in durch das werk*, Eckenlied (früheste handschriftliche Überlieferung E$_2$, Anfang 14. Jahrhundert), Strophe 21, vgl. Brévart, Ekkenlied (sieh Anm. 20).

[23] W, die Windhager Handschrift (sieh Anm. 13).

Frühneuhochdeutsch abzudrucken – ebenso wie beim *Erec* des Hartman von Ouwe, der im selben Ambraser Heldenbuch erhalten ist, in einer über dreihundert Jahre jüngeren Sprache – sondern uns vorzustellen, wie er wenigstens um 1350 ausgesehen haben könnte. Das heißt, wir könnten für unsere Edition ein spätes Mittelhochdeutsch nach der heute verfügbaren mittelhochdeutschen Grammatik[24] erfinden, über die weder Amelung noch Schneider verfügten, das heißt, wir könnten die Riedschen Formen weitestgehend erhalten, wenn sie bis zur Mitte des vierzehnten Jahrhunderts belegt sind. Das gälte auch für die Diphthongierung, die üblicherweise neuhochdeutsche heißt, aber im Süden schon mindestens im 13. Jahrhundert beginnt. Erstaunlich lange in der Zeit unserer Editionsarbeit haben wir mit einer internalisierten Gläubigkeit die Diphthonge Hans Rieds in die Monophthtonge der klassischen mittelhochdeutschen Grammatik verwandelt, mit der erklärt eigenartigen Begründung: Hier könnten wir a) nicht über unsern mittelhochdeutschen Schatten springen, b) fände man die diphthongierten Formen nicht in den mittelhochdeutschen Wörterbüchern, c) habe Hans Ried unerklärliche (versehentlich stehengebliebene?) Reime wie *lîp* auf *wîp*, die er nicht wie gewöhnlich in *leib* auf *weyb* (wie vorn im Buch im *Iwein*) oder *weib* (wie hinten im Buch im *Helmbrecht*) verwandelt hat. Diese Begründungen sind hanebüchen falsch. Daß a) ein mittelhochdeutscher Grammatikschatten uns den Blick trübt, kann kein Argument sein, die Trübnis in einer Edition an die Leser weiterzugeben. Die Mittelhochdeutschen Wörterbücher sind b) für unsere Studierenden ganz leicht zu benutzen, wenn wir ihnen mit der mittelhochdeutschen Grammatik die vokalischen Besonderheiten des Bairischen, die als Neuhochdeutsche Diphthongierung sich ab dem 14. Jahrhundert in alle deutschen Zungen verbreitet, klarmachen. Es ist die unselige Trennung von Sprach- und Literaturwissenschaft, die auch in der germanistischen Mediävistik lange Selbstverständlichkeit geworden ist, von allen mediävistischen Literaturwissenschaftlern beklagt wird, und doch in unsern Einführungskursen dazu führt, daß wir eine Vermittlung von einigen systematischen Paradigmen des Mittelhochdeutschen von um 1200 für – leider, leider ist für mehr nicht Zeit – ausreichend halten. Vom Werden unserer neuhochdeutschen Literatur versuchen wir einen Eindruck zu vermitteln, vom Werden unserer neuhochdeutschen

[24] Hermann Paul, Mittelhochdeutsche Grammatik, 25. Auflage, neu bearbeitet von Thomas Klein, Hans-Joachim Solms und Klaus-Peter Wegera, mit einer Syntax von Ingeborg Schröbler, neubearbeitet und erweitert von Heinz-Peter Prell, Tübingen (Max Niemeyer Verlag) 2007. Wir vergleichen auch: Frühneuhochdeutsche Grammatik von Robert Peter Ebert, Oskar Reichmann, Hans-Joachim Solms und Klaus-Peter Wegera, Tübingen (Max Niemeyer Verlag) 1993. Zur neuhochdeutschen Diphthongierung vgl. S. 64–67.

Sprache nur wenig. Als ich c) nach einer Belegstelle für die unerklärlichen mittelhochdeutschen Reime (*lip* – *wip*), die so leicht in neuhochdeutsche zu verwandeln gewesen wären, in Rieds *Otnit* und *Wolf Dietrich* suchte – fand ich sie nicht. Wenn ich sie nicht doch noch wiederfinde, muß ich davon ausgehen, daß ich die allerdings erklärbaren Riedschen Reimverwandlungen nach dem Muster *sîn : künigîn* zu *sin : künigin* oder *sein : künigein* oder *sein : künigin*[25] unbewußt-automatisch durch die mir leichter merkbare Formel *wîp : lîp* ersetzt habe (für die ich nach dem schon vorhandenen Transcriptionsmaterial weder im *Iwein*-Text, vom Anfang der Handschrift, noch im *Helmbrecht*-Text, vom Ende der Handschrift, einen Beleg gefunden habe). So funktionieren Über-Ich-Vorurteile noch im Rentenalter.

Im Lauf der Zeit wurden wir sicherer und kühner: Das heißt, zuweilen trauten wir uns gar zu sagen: das gabs im Mittelhochdeutschen, weil es bei Hans Ried steht. Für uns nachprüfbar neuhochdeutsche Formen erhielten wir

[25] Diese Reime können erklärt werden als ursprünglich reiner Reim, der durch schon mittelhochdeutsch häufige Vokalkürzung in der Endsilbe und nachgezogene Kürzung beim Reimwort entstanden ist, wie *sin : künigin* im *Mauritius von Craûn*, fol. III[va], Zeile 16 und 17 (willkürlich gesucht und gefunden; möglicherweise überhaupt nur ein Schreib-, Abschreibreim); wobei an dieser Stelle weiter erklärt werden könnte, daß nicht einfach abgeschrieben und umgeformt wurde, vielmehr hatte der Schreiber das Reimpaar im Auge, denn das verkürzte, nicht zu *künigein* diphthongierte Reimwort steht nach dem neuhochdeutsch eigentlich zu diphthongierenden *sîn* > *sein*. Vgl. auch die Beobachtungen bei Thomas P. Thornton, *Die Schreibgewohnheiten Hans Rieds im Ambraser Heldenbuch*, in: Zeitschrift für deutsche Philologie 81 (1962), S. 53–82, hier S. 69. Die Diphthongierung eines unverkürzten *künigîn* findet sich beispielsweise in *Wolf Dietrich* 19,1 und 2, fol. CCVI[ra], Zeile 17 und 19: *kindelein : künigein*. Der Vorrang der reimzerstörenden Umformung in vergleichbarer Reimstruktur zugunsten zeitgenössischer Aussprache findet sich: *Wolf Dietrich*, 58,3 und 4, fol. CCVI[va], Zeile 21 und 23: *kindelein : künigin*. In *Otnit* 369,3 und 4, fol. CCI[vc], Zeile 60 und 61, findet sich eine hyperkorrekte reim- und sinnzerstörende Diphthongierung: *Otnit : leit* (< *lît* = ›liegt‹). Alle drei Stellen könnten auf eine Vorlage oder Vorvorlage weisen, in der der Reim handschriftlich-mittelhochdeutsch rein gewesen ist. Um die Mitte des vierzehnten Jahrhunderts ist die Diphthongierung in bairischen Texten nahezu vollständig durchgeführt; sie findet sich als digraphische Schreibung in Handschriften seit um 1200 neben den entsprechenden Monophthongen (also, wohlgemerkt: Die Monophthonge und die ihnen entsprechenden Diphthonge in der jeweils selben Handschrift, auch in Reimentsprechungen, mit allmählicher Zunahme der Digraphien bis um 1350). Das Schwanken in dieser Reimstruktur beweist nicht das Alter des gesamten Texts, sondern die lange Akzeptanz gegenüber dem Nebeneinander von geschriebenem Monophthong und Diphthong in bestimmten Reimstrukturen (das Nebeneinander erhöht außerdem die im Prinzip nicht überwältigend hohe Zahl an Reimmöglichkeiten in einer bis in die Neuzeit prinzipiell reimenden Literatur). Die Vorstellung, aus den Reimen lerne man, wie ein Schreiber gesprochen habe, ist nur sehr bedingt brauchbar. Vgl. Mhd. Grammatik (sieh Anm. 24) §§ L 22, L 17, Nhd. Grammatik (sieh Anm. 24) § L 31.

im edierten Text. Befreien mußten wir uns von der internalisierten Vorstellung, Wörterbucheinträge beruhten auf handschriftlicher Überlieferung. Die Einträge bei Lexer und Benecke/Müller/Zarncke beruhen auf den damals vorhandenen Editionen! Es gibt mindestens ein Wort im Lexer, das hat Amelung erfunden.[26] Wir haben mittlerweile eine kleine Liste von Wörtern, die nach Ried ins zukünftige Wörterbuch hineingehören – Ried ist endlich als Quelle ernstzunehmen! – und solchen, die daraus gestrichen gehören. Unser jetziges, wahrscheinlich gültiges, Editionsprinzip ist: Wir verzichten auf die Erfindung – etwas netter gesagt: die Rekonstruktion einer Vorlage von Rieds Abschrift als einer Fiktion eines Texts von der Mitte des vierzehnten Jahrhunderts; wie Texte aus dieser Zeit ausgesehen haben, soll man in Handschriften aus dieser Zeit ansehen; welche Veränderungen von einer Handschrift des vierzehnten Jahrhunderts bis Ried gelangt sind, können wir ohnehin nicht rekonstruieren. Der jetzt von uns nach Ried edierte Text ist vorsichtig normalisiert, das heißt, die Riedschen Schreibexperimente und -buntheiten gleichen wir im Interesse einer Lesefreundlichkeit für unser Neuhochdeutsch gewohntes Publikum aus – vorausgesetzt, unsere Schreibung kommt auch in Rieds Text vor, vor allem, wenn sie ohnehin die neuhochdeutsch/schriftdeutsch übliche wird. Wir vermeiden strikt jeden Rückfall in eine Regelhaftigkeit nach der Mittelhochdeutschen Grammatik. Es gibt bei Hans Ried mittelhochdeutsche Wörter, die im neuhochdeutschen Schriftdeutsch ausgestorben sind; sie bleiben selbstverständlich erhalten – wenn die Riedsche Schreibung allzu verwirrend wäre, ziehen wir hier die philologisch fürs Mittelhochdeutsche übliche vor. Grundsätzlich können, außer unserer begleitenden Übersetzung, auch die mittelhochdeutschen Wörterbücher beim Textverständnis helfen, für deren Verwendung vielleicht etwas mehr als das ohnehin gewisse Maß an Bastellust beim Aufsuchen Voraussetzung ist. Ich möchte hier einmal ausdrücklich festhalten, daß Seminare über nichtnormalisierte Texte (dazu ohne Übersetzung), zum Beispiel die eigenwillige Kofler-Edition von *Wolf Dietrich D*, die editorisch so gut wie nichts aufbereitet, sogar erkennbare Fehler stehen läßt, keine wirklichen Schwierigkeiten boten, eher im Gegenteil (aus einem *Wolf Dietrich*-Seminar mit dem Kofler-Text sind zwei gute Zulassungsarbeiten hervorgegangen) – vielleicht wird ein nichtnormalisierter Text weniger als tot und eher als Sprache empfunden. Gelernt habe ich bei

[26] »her-ge-birge *stn.* (I. 161[a]) s. v. a. herbërge Otn.« Der Klammerverweis auf Benecke/Müller/Zarncke läßt denken, *hergebirge* fände sich auch dort, was natürlich nicht möglich ist, weil der Band schon 1854 erschienen war; es muß ein Verweis auf *herberge* gemeint sein. Vgl. Lexer, wie Anm. 9, erster Band A–M, unterm Stichwort. Vgl. Benecke/Müller/Zarncke, wie Anm. 7, erster Band A–L, S. 662a.

der genauesten Beobachtung unserer Vorgänger, wie gut die ihr Mittelhochdeutsch beherrschten, ihr Wahnsystem Mittelhochdeutsch, das sich mir als den Sprachsystemen sehr vergleichbar darstellt, die der Mediävist Tolkien in seinem *Lord of the Rings* erfunden hat – eher aus britischem Witz als aus mediävistischer Grammatikgläubigkeit, wie man an seiner Editionsarbeit sehen kann. Ich verstehe – trotz meinen Seminarerfahrungen mit nichtnormalisierten Texten – die erstaunliche Lust von Studierenden, die ich einmal in einem Tolkien-Seminar erlebte, an der Erlernbarkeit der Tolkienschen Kunstsprachen, weil sie eben wirklich ganz künstlich und vor allem überschaubar endlich sind, so endlich, daß begeisterte Tolkienadepten sich auch noch den letzten Nachtrag aneignen, den der Sohn aus dem väterlichen Nachlaß auf dem Speicher veröffentlichte.

Wenn Ried Substantive mal stark, mal schwach flektiert (das gilt ganz besonders für Eigennamen), wenn er bei Verben mal eine starke, mal eine schwache Form verwendet, gleichen wir nicht aus (welcher sollten wir denn mit welchem Grund den Vorzug geben?). Nicht einmal bei *ruofte* statt *rief* im Reim auf *slief*.[27] Die Zahl der Korrekturen an Ried, die wir meinten, vornehmen zu müssen, also der Fehler, die wir sehen und konjizieren zu müssen meinten, ist wahrscheinlich an Händen und Füßen zu zählen. Wir haben in unserer Arbeit und Recherche gelernt: Im Zweifelsfall hat Ried recht. Und haben immer öfter unser Hirn so lange gedreht und gewendet und in den Hilfsmitteln geforscht, bis wir das Rätsel lösen konnten. Auch hier wurden wir im Laufe der Zeit sicherer. Nur wenn uns an der Lösung Bedenken blieben, oder eher Bedenken, daß andere voraussehbar erhebliche Bedenken haben könnten, haben wir sie in den Kommentar gesteckt; zuweilen haben wir uns über solche Ängste hinweggesetzt (das hapax legomenon *fünfzigktag* statt *suontac* aus W, O 23,3, CXCVI[rc] haben wir in den Text genommen). Als Schreib- und Suchgrundlage unserer Arbeit haben wir die Amelungsche Ausgabe digitalisiert verwendet. Sie ist aber nicht Grundlage unserer Edition wie bei Hermann Schneider. Sondern Überformungsgrundlage für unsern Textvergleich Buchstabe für Buchstabe mit Ried gewesen. Amelung (und andere Editoren) und beim *Otnit* die Handschrift W kommen in unserem Lesartenapparat nur vor, wenn sie besondere, bedeutungsverändernde Vorschläge haben. Auch Ried selbst wird im Apparat nur verzeichnet, wenn seine Schreibung besonders auffällig ist und wir nicht stillschweigend nach unseren ausführlichen Editionsprinzipien verändern wollen, und selbstverständlich, wenn

[27] Vgl. *Otnit* 100,3 und 4: *rüeffet : slieffe*, fol. CXCVII[va], Zeile 46 und 48; *rüeffet* die für Ried typische Präteritalform anstelle von *rüeffete* oder *rüeffte*. In solch besonderen Fällen verweisen wir auf unsern Kommentar.

wir korrigierend in den Text eingreifen. Der Apparat soll sparsam sein und leserfreundlich. Unser digitalisierter Grundtext ermöglichte uns viele immer neue Durchgänge vom Anfang des Texts, wenn wir zur Überzeugung gekommen waren, wir sollten Hans Rieds Schreibungen rechtgeben; selbstverständlich haben wir dann nicht mit »Suche/Ersetze« verbessert, sondern jede Stelle mit der Handschrift verglichen.

Zu unsern Editionsprinzipien gehören auch einige Gummiregeln, die wir mit einer vermeintlichen Willkür handhaben. Es ist diese Willkür aber eine im Interesse unseres Publikums, unserer Leser. Es gibt Riedsche Schreibungen, die sehen uns so unmittelhochdeutsch oder so unneuhochdeutsch aus, daß wir meinen, an ihnen festzuhalten bringt niemandem Verstehensvorteile, verwirrt aber den, dem nicht historische Graphie erstes Anliegen ist, oder die, die nur eine leise Ahnung von Systemmittelhochdeutsch haben. Hier entscheiden wir ausdrücklich nach unserm Eindruck und Wissen von Frühneuhochdeutsch und Mittelhochdeutsch und sind uns bewußt, daß diese Haltung von der an unsern Vorgängern kritisierten kaum zu unterscheiden ist. Als ein Beispiel sei Getrennt- und Zusammenschreibung genannt: *bürge tor* – wir haben uns fürs Zusammenschreiben entschieden: *bürgetor* ›Stadttor, Burgtor‹. Oder anders: in den mittelhochdeutschen Handschriften werden komponierte Präpositionen und Adverbien gemeinhin getrennt geschrieben: *dâ hin*, Ried schreibt sie oft, aber nicht immer zusammen. Hier haben wir nach langer Überlegung beschlossen, Ried zu folgen. Mir ist dabei umso klarer geworden, welcher Segen die im Lauf von jahrhundertelanger Praxis erworbene gewisse Sicherheit gewesen ist, bevor einige ignorante Möchtegernlinguisten zusammen mit effektivitätsgeilen Kultusbürokraten diese relative Sicherheit zum Nachteil einer längst entwickelten differenzierten Schreibung ruinierten.

Ein letztes will ich noch sagen: Zur Musikalität von Strophe und Vers bei Hand Ried. Die Handschrift ist nicht in Strophen geschrieben, auch nicht im *Nibelungenlied*-Text, auch nicht im *Titurel*-Text. Sie ist dreispaltig und der Text wird jeweils am rechten Spaltenrand umgebrochen, zuweilen durch Trennzeichen markiert. Die Verse oder Halbverse sind meist, aber nicht immer, durch einen hochgestellten Punkt markiert (in *Dietrichs Flucht* etwa häufig durch einen Doppelpunkt). Jede neue Strophe beginnt mit einer abwechselnd roten oder blauen Lombarde. Aus Lombarden und Punkten ergibt sich eine vierversige Strophe aus Langzeilen mit zwei Halbversen. Die vier Verse sind paargereimt, die vorderen Halbverse allermeist reimlos, meist aber mit klingender Zäsurkadenz. Es gibt aber auch Anverse, die in zwei kurzen Silben enden, auch solche, die einsilbig enden, langsilbig oder gar kurzsilbig. Einer gewissen Tendenz nach sind die Anverse vierhebig, die Abverse dreihebig, mit meist einsilbiger Kadenz. Der vierte Abvers ist zuweilen vierhebig, doch das weist nicht auf Systematik, auch andere Abverse sind oft vierhebig. Auftakte in An- und Abvers gibt es häufig, einsilbig, zweisilbig, zuweilen mit geradezu grotesker Überfüllung. Manche Überfüllungen ließen sich mildern, indem wir die Zäsur (gegenüber Amelung) verschoben haben. Es gibt auch Unterfüllungen. Anders als Amelung und alle übrigen haben wir Rieds Text nicht metri causa verändert. Vielmehr sahen wir anfangs in Rieds gereimtem und gestrophtem Text eine Art von Neigung zu einer Prosaisierung. Wobei wir nicht wissen, inwieweit die schon zur Vorlage gehört. Dann verwendeten wir statt ›Prosaisierung‹ lieber das Wort ›Entmusikalisierung‹ (es ist keine Melodie in der Handschrift verzeichnet). Je mehr wir aber anfänglich unser später verworfenes Mittelhochdeutsch des vierzehnten Jahrhunderts formten, desto deutlicher wurde uns, daß wir eine Riedsche Musikalität, ein Riedsches Gefühl für Rhythmus zerstörten. Wir sind dazu übergegangen, Riedsche Apokopen und Synkopen, Riedsche Syntax stehenzulassen, vor allem nie in die Syntax einzugreifen – wir haben ja zur eventuell nötigen Klärung unsere Übersetzung zeilenweise gegenüber. Vermeintlich unreine Reime haben wir nicht bereinigt (*benomen* auf *kumen*), der genaue Klang eines Riedschen Vokals in seiner Lautumgebung ist uns eh unbekannt. Es ist uns klargeworden: Auch Rieds Text, vom Anfang des sechzehnten Jahrhunderts, ist keiner zum Leiselesen. Er will laut gelesen werden, und Ried war das ganz klar, das merkt man, wenn man ihn eben laut liest. Man merkt dabei auch, daß der geübte Rhapsode den Text mit Elisionen, mit Achtelungen und Pausen und Dehnungen, vielleicht noch immer mit einem besonderen Vortrags- und Singeton, gestalten konnte und gestaltet hat, was ihm der Schreiber nicht in jedem Detail vorschreibt – das ist das Verhältnis von Schreiber und Vortragendem immer gewesen. Den Leser von schöner Literatur, wie wir ihn kennen, wie wir selber welche sind, gab's zu Rieds Zeiten noch nicht. Lassen Sie mich schließen mit einer Anregung: Über Rieds widersprüchliche Tendenzen von Prosaisierung/ Entmusikalisierung und ausgefeilter Klangstruktur wäre eine Dissertation zu schreiben, die sich um das noch nicht annähernd ausdiskutierte Thema der Anfänge unserer deutschen literarischen Prosa bemühte – ich biete sie hiermit aus.

Verstehen, Edieren, Übersetzen[1]

I. Meine Arbeit und ihre Probleme

Entgegen meiner Gewohnheit, mich bei wissenschaftlichen Arbeiten verstehend an einem Text entlangzuhangeln, möchte ich Ihnen heute ein paar Probleme vorstellen, die mir beim Verstehen eines Texts, bei seiner Edition, bei seiner Übersetzung gekommen sind, weshalb ich diese drei Stichwörter zum Titel dieser Vorlesung gemacht habe. Stephan Jolie, Victor Millet und ich machen zusammen eine Edition mit Kommentar und Übersetzung des Doppelromans über die beiden Helden Otnit und Wolf Dietrich aus dem Ambraser Heldenbuch[2], das von 1504 bis 1516 von dem Berufsschreiber in Diensten des Kaisers Maximilian, Hans Ried, geschrieben worden ist[3]. 1504 bis 1516, also in frühneuhochdeutscher Sprache (Martin Luthers *Biblia: Das ist: Die gantze Heilige Schrifft/ Deudsch/ Auffs new zugericht* ist 1545 als Ausgabe letzter Hand erschienen, der erste vollständige Text 1534, die ersten Übersetzungen dazu liegen noch ein paar Jahre länger zurück, das Werk ist übrigens keine herkulische Einzelleistung, sondern in Zusammenarbeit mit theologisch und sprachlich kompetenten Kollegen und Freunden entstanden[4]). Mit frühneuhochdeutscher Sprache ist frühneuhochdeutsche Schreib-, Aufschreib-, Abschreib- und vor allem Drucksprache gemeint, die auf der Suche nach sich

[1] Kapitel II zuerst vorgetragen im Hauptseminar von Stephan Jolie und Kerstin Rüther: ›Literarisches Übersetzen aus dem Mittelhochdeutschen‹ im Sommersemester in Mainz am 16. Juni 2010. Das Ganze vorgetragen in der Ringvorlesung im Sommersemester 2011 am 31. Mai 2011.

[2] Sie ist mittlerweile erschienen: *Otnit · Wolf Dietrich*. Frühneuhochdeutsch/Neuhochdeutsch, herausgegeben und übersetzt von Stephan Fuchs-Jolie, Victor Millet und Dietmar Peschel, Stuttgart (Philipp Reclam jun.) 2013.

[3] Wien, Österreichische Nationalbibliothek, Cod. ser. nova 2663. *Ambraser Heldenbuch*. Vollständige Facsimile-Ausgabe im Originalformat des Codex Vindobonensis Series Nova 2663 der Österreichischen Nationalbibliothek, Kommentar Franz Unterkircher, Graz – Austria (Akademische Druck- u. Verlagsanstalt) 1973 [Codices Selecti Volumen XLIII].

[4] D. Martin Luther, *Die gantze Heilige Schrifft Deudsch*, Wittenberg 1545. Letzte zu Luthers Lebzeiten erschienene Ausgabe. Herausgegeben von Hans Volz unter Mitarbeit von Heinz Blanke. Textredaktion Friedrich Kur, zwei Bände plus Anhang, München (Rogner & Bernhard) 1972.

selber ist, das heißt, ungeheuer experimentierfreudig und inkonsequent, um ein Vielfaches bunter als die gegenwärtige Schreib- und Drucksprache nach der sogenannten Rechtschreibreform, wie sie heute selbst von kompetenten Schreibern geschrieben wird.

Das Ambraser Heldenbuch enthält, wohl nach allerhöchster Vorstellung und Anweisung, erzählende und belehrende Texte, also keine Lyrik, zu einem guten Teil aus dem dreizehnten, ja späten zwölften Jahrhundert, von bekannten, jedenfalls ungefähr datierbaren Autoren (so: Hartman von Aue, Wolfram von Eschenbach, dem Stricker, Herrand von Wildonie, Ulrich von Lichtenstein, Wernher dem Gartenaere), von bekannten, jedenfalls mit Wahrscheinlichkeit datierbaren Texten von unbekannten Autoren (so: dem *Nibelungenlied*, der *Nibelungenklage*, *Dietrichs Flucht* und der *Rabenschlacht*=Schlacht von Ravenna), und von ausschließlich in dieser Handschrift überlieferten Texten von unbekannten Autoren, deren Entstehung man auch ins dreizehnte Jahrhundert legen möchte (so: *Mauricius von Craun*, *Kudrun*, *Biterolf und Dietleip*, das *Buch von dem üblen Weibe*).

Im Ambraser Heldenbuch ist auch die Doppelgeschichte (nacheinanderstehend) von Otnit und Wolf Dietrich überliefert, die man, wie den gesamten Dietrich von Bern-Geschichtenkomplex, in den sie irgendwie gehört, in ihrer Erfindung ins dreizehnte Jahrhundert setzen möchte. Sie ist aber nur hier überliefert in einer in sich so geschlossenen Fassung, daß man sie für unikal halten darf, bloß locker erzählerisch verwandt mit andern Fassungen des selben Stoffs, deren es nicht wenige gibt. Da haben wir nun schon ein paar mächtige Probleme. Jeder von Ihnen wäre in der Lage, die Geschichte von Rotkäppchen zu erzählen – aber jeder würde seine eigene Rotkäppchengeschichte erzählen, auch wenn sie jeder Zuhörer erkennen würde. Es gibt also eine Rotkäppchengeschichte über oder unter oder vor oder hinter allen Rotkäppchengeschichten, oder, wie der große Mythenforscher Claude Lévi-Strauss sagte (oder schrieb): der Mythos ist seine Varianten. Wieviel Rotkäppchen muß in einer Erzählung enthalten sein, damit sie mit Recht *Rotkäppchen* heißt? Was wäre, wenn in der Geschichte alles, alles stimmte, nur daß das Rotkäppchen eine grüne Kappe aufhat? Und dann, wenn wir Literarhistoriker wissen wollten, seit wann es das Rotkäppchen gibt (herauszufinden, wer es zuerst erdichtet hat, haben wir schon längst aufgegeben)! Haben die Brüder Grimm 1812[5]

[5] Zwei Fassungen; vgl. Brüder GRIMM, *Kinder- und Hausmärchen*, Ausgabe letzter Hand mit den Originalanmerkungen der Brüder Grimm, mit einem Anhang sämtlicher, nicht in allen Auflagen veröffentlichter Märchen, und Herkunftsnachweisen herausgegeben von HEINZ RÖLLEKE, 3 Bde., Stuttgart (Philipp Reclam) 1980, Bd. 1 Nr. 26, S. 156–159 und S. 159–160; vgl. Bd. 3, S. [59] und S. 454.

das älteste Rotkäppchen, oder ist *Le Petit Chaperon Rouge* von Charles Perrault, ohne Autornennung 1697 erschienen[6], auch eins? Oder ist das das rechte und die Grimms haben eine Nachdichtung, eine Nacherzählung, eine Übersetzung – haben sie sie überhaupt von Perrault? Oder von ihrer märchenerzählenden Gewährsfrau? Alle dem *Otnit/Wolf Dietrich* aus dem Ambraser Heldenbuch irgendwie ähnlichen Fassungen – mehr oder weniger anders zusammengesetzt, in vielen Details anders erzählt, großen und kleinen, sind älter als das Ambraser Heldenbuch, wie Hans Ried es geschrieben hat. Aber keine deutschsprachige Handschrift, die sogenannte *Dietrichepik* enthält, ist älter als um dreizehnhundert. Wiewohl ein Dietrich von Bern im *Nibelungenlied* auftritt, am Anfang des 13. Jahrhunderts, ja, neben seinem Vasallen Hildebrand sogar schon im ältesten vulgärsprachlichen Gedicht, aus einer deutschen und einer niederdeutschen oder altsächsischen Sprache gebastelt, dem *Hildebrandslied* von um 830. Was also wollen wir haben? Den besten *Otnit/Wolf Dietrich*? Den ältesten? Den eigenwilligsten? In welcher Sprache? Alle nebeneinander? Den von Stephan Jolie, Victor Millet und mir herausgegebenen gibt es bisher nur in einer Rückübersetzung in ein Mittelhochdeutsch von um 1200, nach der Grammatik rekonstruiert[7], und neuerdings einen dem Ambraser sehr ähnlichen *Otnit* nach einer Handschrift des vierzehnten Jahrhunderts, und den *Wolf Dietrich* nach der Handschrift Rieds in einem mehr oder weniger buchstabengetreuen Abdruck ohne Übersetzung und Erklärung.[8] Ihre Mittelhochdeutsche Grammatik konnten die Altvorderen schon – nach meiner Erinnerung vom Anfang meines Germanistikstudiums klingt das dazugehörige Rekonstruktionsmittelhochdeutsch ein wenig wie die damaligen Einladungen zu Seminarfaschings- oder -weihnachtsfeiern auf Assistentenmittelhochdeutsch: Mittelhochdeutsch klischiert.

Klischiert nenne ich die Vorstellungen von der Reinheit der Reime, von der Regelmäßigkeit der Verse, von der Gleichheit der Strophen. Aber auch die von der Einheitlichkeit der Literatursprache, von der Gültigkeit von Lautgesetzen, von der Erlaubtheit von phonemischen Varianten, von der Richtigkeit von Flexionsendungen, von der Adäquatheit des Satzbaus, von der Mög-

[6] Charles Perrault, *Le Chat Botté et les autres Contes de Fées. Der gestiefelte Kater und die anderen Märchen*, zweisprachig, Übersetzung von Ulrich Friedrich Müller, München (dtv) 1983, S. 30.

[7] *Ortnit und die Wolfdietriche.* Nach Müllenhoffs Vorarbeiten herausgegeben von Arthur Amelung und Oskar Jänicke, Berlin 1871/1873 [Nachdr. 1968], (Deutsches Heldenbuch Bd. 3+4).

[8] *Ortnit und Wolfdietrich A*, herausgegeben von Walter Kofler, Stuttgart 2009 (»*Ortnit* A. Kritischer Text nach Hs. W; *Wolfdietrich* A. Kritischer Text nach Hs. A«).

lichkeit eines Gedankens im Mittelalter, insbesondere, was Tabuthemen angeht – als wäre es nicht das hohe Mittelalter, gerade das zwölfte und dreizehnte Jahrhundert, gewesen, das die in Jahrhunderten folgenden Großrevolutionen vorbereitet hat. Beispielsweise die abendlanderschütternde Reformation. Mit Klischees meine ich so etwas wie die einführungskursewige vermeintliche Gesetzmäßigkeit deutscher Auslautverhärtung, deren Existenz keineswegs gesichert ist, oder die abprüfbare Gültigkeit der neuhochdeutschen Diphthongierung, die einen wesentlichen Unterschied zwischen Mittelhochdeutsch und Neuhochdeutsch bezeichne, während sie doch nachweislich schon im zwölften, teils im elften Jahrhundert in den bairischen Sprachen geschrieben wird, in alemannischen Sprachen bis heute nicht durchgeführt wird. Es ist schon sonderbar, daß Wörter der Amelungschen *Otnit*-Rückübersetzung, die er gegen die Handschrift und ihre angebliche Unglaubwürdigkeit erfunden hat, in den bis heute üblichen mittelhochdeutschen Wörterbüchern (die nach Editionen gemacht sind) stehen – anstelle von Wörtern, die Hans Ried, als angeblicher Stümper, in seinen Texten hat. Dies nur als ein winziges Beispiel für das Verhältnis von mancher etablierten Wissenschaft und dem Material, das sie zu verwalten und verstehbar zu machen hat. Immerhin: zur Zeit ändern sich die Zeiten. Dennoch ist es so, daß es, obwohl das Ambraser Heldenbuch zu den wichtigsten Überlieferern mittelalterlicher deutschsprachiger Literatur gehört, bis heute keine Gesamttranskription der Handschrift gibt, keine Hans-Ried-Grammatik seines Frühneuhochdeutschen, das doch angeblich nur hochmittelalterliche Texte transportiert, nur einige wenige Editionen, die für den edierten Text diese Handschrift zugrundelegen, nicht einmal für die unikalen Texte, die man für so bedeutend hält, als da sind: der Hartmansche *Erec* und die anonyme *Kudrun*. Das 1973 erschienene Faksimile der Handschrift ist im Buchhandel nicht mehr zu erhalten, seit 2012 gibt es endlich ein gut nutzbares Digitalisat von Cod. ser. nova 2663.[9]

[9] Vom *Erec* entsteht gerade eine Ausgabe nach der Handschrift. Von der *Kudrun* gibt es einen diplomatischen Abdruck: *Kudrun*. Die Handschrift, hrsg. von Franz Bäuml, Berlin 1969, ebenso vom *Moriz von Craûn*, hrsg. von Ulrich Pretzel, Tübingen 1962, und von Hartmann von Aue, *Die Klage – Das (zweite) Büchlein*, aus dem Ambraser Heldenbuch herausgegeben von Herta Zutt, Berlin (de Gruyter) 1968. Zum Digitalisat des *Otnit - WolfDietrich A* sieh vorn S. 34, Anm. 4.

II. Meine theoretischen Überlegungen

Das Übersetzen ist wahrscheinlich eine ebenso häufige Tätigkeit unseres Körpers und unseres Gehirns wie deren andauernde Sinneswahrnehmungen und reflektorische Aktivitäten. Wir übersetzen nicht nur aus jeder fremden Sprache, wobei die Fremdheiten nur graduell unterschieden sind und am leichtesten zu bemerken, wenn wir auf einen falschen Freund, un faux ami, a false friend, hereingefallen sind, etwa das Wort Ejakulation, das im Deutschen noch im neunzehnten Jahrhundert eine spontane sprachliche Äußerung bedeuten konnte, wie im Englischen bis heute – wir übersetzen aus jeder Rede, die uns entgegenkommt. Von Übersetzen können wir reden, wenn wir uns der gar nicht dummen Mode anschließen, die gesamte Welt der Gegenstände unseres sinnlichen Erfassens als Textstrukturen zu bezeichnen und ihr analytisches Ergriffenwerden mit unserem Vokabular und dazugehöriger Syntax als Lesen. Lesen nicht nur mit Semantik und Syntax unserer Sprachen, sondern mit den elektrochemischen Hirnaktivitäten überhaupt, die wir Wahrnehmung nennen, mit denen wir ausgewählte Elemente aufnehmen und gleichzeitig als zusammengehörige Ordnungen mit in unserem Hirn Gespeichertem vergleichen. Was wir Verstehen nennen. Im weitesten Sinn können wir jedes Verstehen ein Übersetzen nennen. Ja, das Lesen selbst, auch eines scheinbar ganz unfremden Texts, ist ein solches unbewußtes Vergleichen. Und auch die Wahrnehmungen des Unbewußten, dessen Funktionieren Jacques Lacan als das einer Sprache beschrieben hat, können übersetzerische Tätigkeiten genannt werden.

Aus diesen Überlegungen kann zweierlei erklärt werden. Zum einen die verbreitete Unsitte beim Umgang mit Texten im engeren Sinn, also geschriebenen Texten, auch unter berufenen Textinterpreten, das notwendige allgemeine Übersetzen so selbstverständlich zu nehmen und dabei irrtümlich bei allen Kollegen für eher mehr als weniger gleichartig zu halten, so daß das Übersetzen eines fremdsprachigen Texts, der analysiert werden soll, in die eigene Sprache, das Übersetzen im engeren, üblichen Sinn, ganz unterbleibt. Als wären jedermanns Zugänge zu diesem Text im Prinzip identisch und damit zugleich die jeweiligen Übersetzergrammatiken. Was beides falsch ist. Oder allenfalls in dem geringen Maß richtig, mit dem wir im Alltag annehmen, wir könnten einander ohne weiteres und selbstverständlich verstehen. Zum andern – und das folgt hieraus – kann aus den obigen Überlegungen erklärt werden, weshalb es unerläßlich ist, daß jeder, der über einen Text redet, das übersetzerische Durcheinander, das der Interpret und sein Leser im Umgang mit dem Text, mit sich selbst und miteinander veranstalten, wenigstens insoweit mindert, als der Textbearbeiter seine Übersetzung, die seiner

Interpretation ja immer wenigstens ein Schrittchen vorausgehen muß, seinem Leser zur Verfügung stellt. Freilich sind die Grenzen dessen, was fremd heißen kann, fließend. Und müssen pragmatisch bestimmt werden. Lateiner unterliegen gern in einer aus dem Römischen Imperium über 1806 hinaus altüberkommenen Attitüde dem Irrtum, jeder Leser, Kollege, könnte, ja, sie selber könnten das Latein, das sie zitieren, selbstredend einfach so verstehen. Die Attitüde findet sich auch bei Germanisten als Gegenlatinisten oder Gegenromanisten, die sie ja ihrer Herkunft nach sind, was den Umgang mit dem Mittelhochdeutschen oder Althochdeutschen angeht. Weltweit verbreitet ist heutzutage der Irrtum, jeder Mensch auf Erden könnte Englisch. Die Attitüde sehen Sie als ein allgemeines Mißverständnis in der neuen deutschen Verwendung des Wortes ›kommunizieren‹ in der falschen Form: ›ich kommuniziere etwas‹ – als könnte es ›Verstehen zwischen einem‹ geben. Noch einmal die beiden Folgerungen aus den vorhergehenden Überlegungen, deren zweite ihrerseits aus der ersten folgt: Es gibt keine Wahrnehmung eines Textes, ohne daß er durch den Analyseapparat unseres Übersetzens gegangen wäre. Es sollte keine Arbeit am fremdsprachigen Text geben, der im Grad seiner Fremdheit noch zu bestimmen wäre, ohne daß für den Leser die eigne Anstrengung einer Übersetzung des bearbeiteten Texts beigegeben wird. Die Fremdheit eines Texts und die Interessen und Fähigkeiten eines zu erreichenden Publikums gehören eng zusammen. Ich habe einen universitären Freund, der liest Grimmelshausens *Simplicissimus* lieber in der Winkler-Ausgabe nach den Drucken von 1669[10], in seinem Literaturkreis aber wagen sich die Teilnehmer nur in der Übersetzung ins Neuhochdeutsche von Reinhard Kaiser[11] an den Roman. 350 Jahre Sprachdifferenz.

Ich nenne die Edition eine Form der Übersetzung, die Interpretation eines edierten Texts eine Form der Übersetzung, und auch die Übersetzung im üblichen Verstande. Diese in Teilen ihrer Techniken unterschiedlichen Zugänge zu einem Text sind interdependent. Eine Interpretation, jede Interpretation setzt einen edierten Text voraus, ob als gebrannte Tontafel, als beschriebenes Pergament oder als elektronische Datei. Die Edition in Schallwellen bedenke

[10] GRIMMELSHAUSEN, *Der abenteuerliche Simplicissimus*, München (Winkler) 1963 (1956). (Vollständige Ausgabe. Nach den ersten Drucken des ›Simplicissimus Teutsch‹ und der ›Continuatio‹ von 1669 herausgegeben und mit einem Nachwort versehen von ALFRED KELLETAT. Die Illustrationen sind der ersten Gesamtausgabe von 1683/84 entnommen. – Rückseite des Innentitels).

[11] HANS JACOB CHRISTOFFEL VON GRIMMELSHAUSEN, *Der abenteuerliche Simplicissimus Deutsch*, aus dem Deutschen des 17. Jahrhunderts und mit einem Nachwort von REINHARD KAISER, 2 Teile, Frankfurt am Main (Eichborn) 2009 [= Die Andere Bibliothek, zweihundertsiebenundneunzigster Band].

ich hier nicht weiter, da ihr das Moment der Dauer für die Weitergabe an ungleichzeitige Hörer fehlt – im Prinzip gehörte sie aber, wie erst recht die Edition auf modernen Tonträgern in die Reihe. Auf die Schallwellen der Mund-zu-Ohr-Weitergabe eines Textes komme ich im nächsten Kapitel noch einmal. Jede Übersetzung eines Texts ist ein Verstehen, ein Interpretieren des Texts, so wie jede Edition ein Interpretieren eines Gesagten, eines Geschriebenen ist. Dies letzte gilt sogar für einen fotografischen Faksimiledruck, der nicht bloß technisches Inbewegungsetzen von Apparaten sein kann, sondern beispielsweise Licht und Schatten, Farben, Schreib- oder Satzspiegel, Größenverhältnisse, Verzerrungen, Genauigkeiten der Reproduktion bedenken muß. Die Edition eines Texts nach einer oder mehreren Handschriften mit gegebener Übersetzung versammelt also sämtliche Übersetzungszugänge zum Text in einem Buch. Der Leser bezieht sich mit seiner eignen Leseübersetzung auf alle drei zugleich, ob er nur den edierten Text liest oder nur die parallele Übersetzung. Dennoch sind seine Leseübersetzungen verschieden, wenn er den edierten Text liest und wenn er die Übersetzung liest. Der Zusammenhang, den die übersetzenden Herausgeber gemacht haben, ist zwar als Wechselbeziehung von Edition, Interpretation, Übersetzung vorhanden, bleibt dem Leser aber im Detail fremd. Er muß darauf vertrauen, daß, wäre er in der Rolle der Editoren gewesen, er zum selben Ergebnis gekommen wäre. Was aber niemals sein kann, wie man an jeder Rezension über das Buch lesen kann. Um die kommunikatorischen Mißverständnisse zwischen Editoren und Lesern möglichst gering zu halten, gilt es, die übersetzerischen Eigenheiten auf seiten der Editoren möglichst gering zu halten und sie zugleich möglichst durchschaubar zu gestalten. Das heißt, die Abweichungen vom zu edierenden Original bei der Herstellung der Kopie sollten möglichst gering bleiben, die offenen und versteckten Bevormundungen des Rezipienten sollten gegen Null gehen. Die Übersetzungsleistung des Lesers sollte so wenig wie möglich und unbewußt möglichst gar nicht gesteuert oder gar geregelt werden. Denn der Leser der Edition macht sich in jedem Fall – unbewußt oder bewußt – eine eigne Übersetzung davon.

III. Harald Haferlands Lösungsvorschlag

Nach diesen Erfahrungen und Überlegungen will ich mir und Ihnen aber doch noch einmal ausdrücklich ins Gedächtnis rufen, daß germanistische Mediävistik, wie das Fach heut heißen kann, weder nur, noch immer, noch allerorten von ideologisch Verblendeten betrieben wurde. Ultra posse nemo obligatur – mehr als er leisten kann, soll keiner beansprucht werden; das gilt auch in der

Geschichte rückwärts. Und bedeutet, daß die Bedingungen nicht nur von Lust, Laune und Anstrengung des Einzelnen abhängen. Es sind jeweils besondere Arbeiten vonnöten, die klarmachen, was eine Erkenntnis möglich oder unmöglich gemacht hat. Ich habe gelernt, und Sie werden vielleicht auch lernen: Eine Reimgrammatik kann einem zeigen, wie Wörter einer historisch fernen Zeit, wenn sie denn ihre Texte gereimt hat, gesprochen werden, mindestens kann sie einem zeigen, welche Wörter in den Reimen eines Texts miteinander vorkommen und welche nicht – bis hin zu der Erkenntnis, welche in welchem Reim vermieden werden. Auf diese Weise kann man sehen, daß etwa siebzig Strophen eines *Otnit* als Fragment in einer Handschrift (in alemannisch-mittelhochdeutscher Sprache?), die die Handschriftenkundler in den Anfang des vierzehnten Jahrhunderts bestimmen, die selben, weitestgehend die selben, Reime in der selben Reihenfolge haben wie Hans Ried im Ambraser Heldenbuch. Ja, grammatisch mittelhochdeutscher (vergeben Sie mir diesen Komparativ) – sagen wir: *mîn* auf *künigîn*. Dieser Reim kommt beim frühneuhochdeutschen Hans Ried genauso vor (also mittelhochdeutsch), aber auch als *mein* auf *künigin* (weil das Schluß-i schon lang neuhochdeutsch gekürzt ist und nicht als Diphthong erscheint), oder reimkorrekt, aber nicht neuhochdeutsch korrekt als *mein* auf *künigein*; das verrückte Durcheinander: *mîn* auf *künigein* kommt nicht vor, wohl aber eine Entsprechung, in der der Eigenname verneuhochdeutscht, das Reimwort aber mittelhochdeutsch undiphthongiert erscheint: *rîch* auf *Albereich*.[12] In den bald zweihundert Jahre älteren Strophen finden wir nur den sauberen Reim *-în* auf *-în*. Ein Beispiel von vielen aus einer ganzen Reimgrammatik. Ist das nicht ein Beweis dafür, daß der Riedsche *Otnit* einmal in diesem haltbaren, wenn auch frühneuhochdeutschwackligen Mittelhochdeutsch geschrieben war? Nein, ist es nicht! Wir haben hier nur einen Beweis – ein denkerisch-logisches Grundmuster, das Sie heutzutage in schier jedem *Tatort* lernen können – daß Reime sehr stabil sind, oder sein können, was ja auch eine ihrer wichtigsten Funktionen ist. Daß sie sogar noch beibehalten werden, experimentierfreudig mal so oder so oder gemischt, wenn sie, wie anscheinend bei Ried, gar nicht mehr für so wichtig gehalten werden. Schauen wir uns den Text der älteren Verse vor den Reimpaaren an, sehen wir verblüffende semantische, morphemische, syntaktische, gar inhaltliche Differenzen, so viele, daß wir sagen müssen: das ist

[12] künigin : sin (*mhd.* sîn) *Otnit* 394,3–4; sein : künigin *Otnit* 194,1–2; sein : künigein *Otnit* 12,3–4; rich : Albereich *Otnit* 428,1–2. Die übliche Strophenzählung nach der Ausgabe: *Ortnit und die Wolfdietriche*, nach Müllenhoffs Vorarbeiten herausgegeben von Arthur Amelung und Oskar Jänicke [= Deutsches Heldenbuch, dritter Teil 1871], Dublin/Zürich (Weidmann) 1968 [unveränderter Nachdruck der 1. Auflage].

ein anderer Text. Und doch die selbe *Otnit*-Geschichte. Niemand kann also sagen, wann die besonderen Spachformen bei Hans Ried geschaffen worden sind, noch von wem; sicher ist, daß sie nicht direkt von dieser älteren Fassung, die in der *Otnit/Wolf Dietrich*-Philologie C genannt wird, ableitbar sind. Nehmen wir an, es ginge überhaupt (wo wir doch keine native speakers mehr haben!) – welche der Fassungen sollten wir in welches Mittelhochdeutsche übersetzen? Beide? In ein fiktiv zeitgleiches Mittelhochdeutsch um 1200, um 1300? Es gibt keinen Beweis, daß die beiden Fassungen zur selben Zeit entstanden sind. Überhaupt: Warum sind sie denn nebeneinander entstanden? Wie die von Ihnen erzählten Rotkäppchengeschichten. Mündlichkeit! Ich habe mir die Überlieferung von Heldenepik immer so vorgestellt: Ein Rhapsode, ein Sänger, ein Berufssänger hat eine Fassung *Otnit/Wolf Dietrich*, hat die in seinem Berufs- und Vortragsleben nach seiner Vorstellung, nach dem Erfolg beim Publikum, nach seinen kreativen Fähigkeiten geformt (ich weiß aus anderthalb Jahrzehnten Praxis als Puppenspieler mit eigenen Stücken in dem von mir und meinem Freund Wolf Kittler begründeten Puppentheater *die halskrause*, wie das geht), hat sein Repertoire Stück für Stück seinem Sohn, seinem Lehrling, der ihn begleitet hat, überlassen. Und die haben nach ihren Bedürfnissen daran weitergearbeitet. Sprachlich, inhaltlich, die Reime wurden zuletzt angetastet. Daß man sich lange Texte, viele lange Texte auswendig merken kann, weiß jeder Schauspieler, jeder Opernsänger, jeder Sänger.

An dieser Stelle bin ich auf ein Buch gekommen, spät zwar, aber nicht zu spät, mit der befriedigenden Erkenntnis, daß ich selber auch auf manches kommen kann, von Harald Haferland, der schon mal als Vertretung hier in Erlangen gearbeitet hat, allen hier, die ihn kennen, in schönster Erinnerung – das Buch heißt *Mündlichkeit, Gedächtnis und Medialität. Heldendichtung im deutschen Mittelalter*[13] – das in einem langen Kapitel das Problem der Differenzen in der handschriftlichen Überlieferung des *Otnit/Wolf Dietrich* klug und überzeugend bedenkt[14]. Haferland zeigt einen germanistikalten Fehler, der mittelalterliche literarische Überlieferung im Prinzip immer nur als von Handschrift zu Handschrift denkt und kritische Edition als Beziehung zwischen Handschriften. Wer hat wann wo von welcher Handschrift, von welchen Handschriften, seine Handschriftenfassung abgeschrieben? Da uns Texte aus historisch ferner Zeit nur überkommen sind, wenn eine Hand sie auf ein Medium gebracht hat, ist leicht zu verstehen, daß in einer Zeit, die sich selbst als eine im Prinzip schriftliche versteht, die Schriftlichkeit als das bedeutendste, wenn nicht einzige Überlieferungsmedium für Gedanken gilt.

[13] Göttingen (Vandenhoek & Ruprecht) 2004.

[14] Kapitel 6, Ortnits Schlaf, sein Tod und Wolfdietrichs Rache, S. 223–301.

Obwohl es daneben seit langer Zeit eine ausgiebige Forschung zur Mündlichkeit, nicht nur der Volkslieddichtung, zur oral poetry gibt. Die beiden Disziplinen haben nie gründlich ineinandergegriffen. Daß nur Abschreiber am Werk waren, die im Laufe der manchmal jahrhundertelangen Zeit zu immer mehr Verschlechterung beigetragen haben, immer mehr sich addierende Fehler transportiert haben, galt als ausgemacht. Nur selten wäre einmal ein ganz kluger und aufmerksamer später Schreiber an eine ganz alte Vorlage geraten. Zu verstehen ist auch, daß zwar über die Mündlichkeit in mittelalterlicher analphabeter Gesellschaft nachgedacht wurde, in der Lyrik, der Sangverslyrik, in der Epik, besonders der extrem störanfälligen Heldenepik, daß aber die Schriftlichkeit der Handschriften, wie durch eine Wand getrennt, davon gesondert blieb.

Diese Fehlsichtigkeit hat Haferland korrigiert. Der Transport der heldenepischen rhapsodischen Dichtung ging mündlich. Haferland hat darüber nachgedacht und dann an Texten vorgeführt: Wieviel Rotkäppchen muß erhalten bleiben, damit die Geschichte die selbe bleibt, welche Gerüstelemente müssen übernommen und weitergegeben werden, damit das Gedächtnis nicht zusammenbricht, was tut ein versierter Sänger, wenn ihn das Gedächtnis an einer Stelle im Stich läßt, er aber genau weiß, wo er hinwill und hinmuß. Wir sehen, worauf die Überlieferung durch Übernahme, Auswendiglernen, Auswendigkönnen, Anpassen, Entwickeln, Weitergeben beruhen muß: auf Versatzelementen, die in den unterschiedlichen Gedächtnisstrukturen aufgerufen werden können, über die unser Gehirn, über die ein mittelalterliches Gehirn eines berufsmäßigen Heldenepiksängers verfügen muß. Etwa so, wie Ralf Neukirch im jüngsten Spiegel über die mehreren Dutzend Bücher von Margot Käßmann schreibt[15]: »Die Bücher sind aus Fertigbauteilen zusammengesetzt wie ein Ikea-Regal. Und genauso erfolgreich.« Aus der Sicht des Literaturkritikers und Philologen ist eine stete Verschlechterung des Texts zu beobachten, nur selten an Einzelpassagen oder -strophen eine Verbesserung oder Wiederverbesserung.[16] Denn viele der entsprechenden Veränderungen, die auf die schwankende Gedächtnisleistung reagieren, geschehen ad hoc, ohne die Möglichkeit, an der Qualität zu feilen, hauptsach, das Publikum merkt nix. Ja, ich bin ganz einverstanden. Vieles an der Überlieferung der Heldendichtung wird mir so verstehbar. Aber . . .

[15] *Die Mut-Bürgerin*, in: Der Spiegel 22/2011, S. 34–36, hier S. 35.

[16] Zur ausführlichen Beschreibung der Faktur der Rhapsodensprache vgl. Haferland (sieh vorher und Anm. 13): Kapitel 7, Zur Textgestalt der strophischen Heldendichtung, S. 302–373.

IV. Was noch gänzlich ungeklärt ist

Die Beobachtung der steten Verschlechterung entspricht meiner Erfahrung aus dem Puppenspielen nicht. In über tausend Aufführungen der einen unserer Inszenierungen waren wir gewiß mal besser, mal schlechter, aber im Prinzip haben wir immer und immer gefeilt, immer wieder einmal noch feinere Verbesserungen gefunden, in winzigsten Nuancen, wenn auch ab irgendwann ein Niveau erreicht war, das wir kaum je mehr unterschritten haben. Ja, ich kenne auch das holprige und stolprige Überbrücken bei spontanem Gedächtnisausfall oder überraschender, nicht zu ignorierender Störung. Grundsätzlich aber hielten wir Gedächtnisausfall für eine unbewußte Leistung, die uns aufmerksam machte, daß irgendwo im Stück noch eine Feinheit nicht stimmte; meistens haben wir sie gefunden. Ich bedenke wohl, daß Wolf Kittler und ich eine aus der Schrift geborene Mündlichkeit produzierten und nicht eine aus dem Analphabetismus. Dennoch, was ist mit dem Unbewußten? Müssen wir nicht immer annehmen, daß das adaptierte Stück der Mentalität des Rhapsoden irgendwie konvenieren muß, fromm oder weniger fromm, frech oder weniger frech, sanft oder weniger sanft, je auf die passenden, die fordernden Stellen verteilt. Ist nicht denkbar, daß der übernehmende Sohn die Sache viel besser macht als der handwerklich geübte Papa? Und was wäre dann der Maßstab für ›besser‹? Und wieso nur das Unbewußte! Will nicht jeder, der auf Applaus aus ist, und mit dem Applaus auf entsprechenden Lohn und entsprechende Aufträge, sich steigern, sich verbessern, gewinnt er nicht Erfahrung, sieht er nicht beispielhafte Kollegen, lernt er nicht von andern Künsten! Ist eine positive, eine absichtliche kreative Veränderung des Texts ausgeschlossen? Bei aller Stereotypie, die das Mittelalter und sein Publikum angeblich verlangen mögen. Und bei aller unterschiedlichen Stereotypie im heldenepischen Sangstrophendichten und im buchepischen Vorlesedichten. Freilich, Harald Haferland bedenkt das schon mit, aber es spielt nicht die große Rolle in seinen eher mündlich-mnemotechnischen und produktionstechnischen Analysen, wenn ich nichts überlesen habe. Und dann, was ist nun mit der Schriftlichkeit? Bedingung, daß wir diese mündlichen Strukturen rekonstruieren können, ist ja doch, daß die Texte handschriftlich überliefert sind. Eher schemenhaft kommt bei Haferland immer wieder mal ein Sänger vor, der seinen Text mitschreiben läßt, vielleicht selber schreibt oder diktiert. Warum? Ich meine, warum tut der das? Hat das was mit Archivieren zu tun, oder mit der Weitergabe an Nachfolger? Oder weil neben dem Hörerpublikum der Abendaufführung ein Lesepublikum entsteht, das die Texte in seiner Bibliothek haben will? Und selber lesen, oder sich privat vorlesen lassen. Ja, beim Diktieren entstehen noch andere Holprigkeiten als beim aktuellen Vortrag, das Gedächtnis ist anders gefordert; zum Nachteil der Glätte des Texts, oder seiner Raffinesse. Wiewohl, ich muß sagen, Wolf Kittler und ich hatten nie einen geschriebenen Text; erst als wir aufhören mußten zu spielen, habe ich den Text aufgeschrieben, aus meinem Gedächtnis, in allen Details, viele davon in verschiedenen Mundarten. Ich hatte an der Niederschrift nie mehr was zu ändern, ich war und bin zufrieden damit. Und unsere Ansprüche waren immer hoch. Ist nicht die Aufschreibesituation die Gelegenheit, konkurrenzfähige, individuelle Weiterentwicklung zu leisten?[17] Oder ist die Heldenepik im schlechten Sinn eine Volksliteratur, etwas Unraffiniertes, Unkomplexes, Unindividuelles? Etwas Archaisches, in dem komplexe Strukturen, zum Beispiel der Gleichzeitigkeit statt des Nacheinanders, nicht möglich oder nicht entwickelt oder gar unentwickelbar sind? So etwa verstehe ich Harald Haferland.[18] Nichts, aber auch gar nichts spricht dagegen, daß das auch von intellektuellem, verwöhntem Publikum konsumiert und genossen wird. Oder haben beim Heldenepikvortrag nur die Kriegermänner zugehört, die Damen nur bei Wolfram und Gotfrid? Irgendwie die eher schlechten, verschlechternden Textveränderungen in den einzelnen Handschriftenversionen zurückgerechnet, oft überzeugend, kommt Haferland zu der auch irgendwie vorausgesetzten Erkenntnis, daß die *Otnit/Wolf-Dietrich*-Fassung im Ambraser Heldenbuch die beste ist, vielleicht als Buchfassung entstanden, von Rhapsoden dann über Jahrhunderte heruntergeludert. Unterscheidet sich diese Hypothese von den früheren chronologischen Setzungen? Überhaupt, was ist mit der Buchepik, von der wir die Autoren kennen, in der die Autoren aufeinander anspielen, einander zitieren, einander widersprechen, einander beklauen, so daß mit komplizierten Initialenspielen im Text das geistige Eigentum gesichert werden muß! Die Handschriften sind ebenfalls, mehr und öfter als uns lieb sein

[17] Am *Jüngeren Titurel*, einem gestrophten Artusroman, können wir sehen, wie ein Schreibtischautor durch Umbau der Strophen, durch »Umspielung und Variierung von Wolframs Text« bei der Wiederverwendung und beim Einarbeiten der Strophen des Vorgängers eine eigene »Strategie« mit seinem Roman entwickelt. Wolframs Strophen sind noch wiederzuerkennen, funktionieren aber im Kontext ganz anders. Sie sind nirgends verschlampt, sondern raffiniert verändert. Ist das ein Fall, der nur dieses eine Mal vorkommt und deshalb unvergleichbar ist? Ist der *Jüngere Titurel* nicht zum Vortragen gedacht gewesen? Obwohl seine Handschrift A außerhalb des Texts, auf dem Vorsatzblatt, eine Melodie mit eigner Strophe überliefert. Vgl. Elisabeth Schmid, *Dâ stuont âventiure geschriben an der strangen.* Zum Verhältnis von Erzählung und Allegorie in der Brackenseilepisode von Wolframs und Albrechts ›Titurel‹, in: Zeitschrift für deutsches Altertum und deutsche Literatur 117 (Heft 2) 1988, S. 79–97, hier S. 91.

[18] Haferland (wie Anm. 13), Kapitel 7.7, Die narrative Faktur der Texte: unvollständige Information, linear-episodisches Erzählen, stoffgeschichtlich bedingte Inkonsistenz und mnemotechnisch vorteilhafte Gliederung, S. 357ff., bes. S. 363ff.

kann, variant. Sollen wir annehmen, jetzt aber seien wirklich nur ignorante oder unlustige oder schlechtbezahlte Abschreiber schuld? Manche Versionen sehen doch wie absichtliche Umgestaltungen aus. So viele offene Posten! Ich weiß sie Ihnen nicht zu füllen – da können Sie ihre künftigen Aufgaben sehen. Das einzige, was Sie, so weit ich sehe, als sichere Erkenntnis mitnehmen können, ist: Eine sprachliche und formale Rückübersetzung in einen vermeintlich ursprünglichen Zustand ist nie zu rechtfertigen. Wenn auch nicht verboten. Für Liebhaber geeignet, die sich sonst keine Vorstellung machen können, wie die oder jene Geschichte vielleicht im 13. Jahrhundert ausgeschaut hat. Doch für diesen Zweck hat die Mediävistik über die letzten zweihundert Jahre genügend Nachbildungen, um nicht zu sagen: Fälschungen, hergestellt.

Die Küchenpsychologie einer Königssohnerziehung in *Wolf Dietrich* A[1]

I. Die vorpubertäre Phase

Im Plot eines ordentlichen Serienkiller-Tatorts – wenn am Ende der Bösewicht den Zuschauern und der Polizei bekannt und ohne Fluchtmöglichkeit gestellt ist, vielleicht von der taffen Kommissarin, die vielleicht selbst das letzte Opfer sein soll, vielleicht gar von Anfang an bei allen Morden gemeint war, wenn er vom Selbstmord oder letzten Mord noch abgebracht werden soll mit Verständnis für schwerste Verluste oder frühe Traumata, dann pflegt der Übeltäter in kritischer Abwandlung gegenüber dem langbewährten Muster einer einsehbaren Erklärung seiner Perversion zu sagen: Ach, hörn Se doch auf mit Ihrer Küchenpsychologie, womit gesagt sein soll, daß der Mörder am filmischen Ende seines verpfuschten Lebens sich überhaupt nicht verstanden sieht. Das Wort Küchenpsychologie scheint mir nach dem Küchenlatein gebildet. Es meint eine rudimentäre, schlichte, unvollkommene, unkomplexe, plumpe, ungelehrte, verharmlosende, zurechtbügelnde Pseudowissenschaft. Mit ihr soll der Verfolgte und Gefaßte etikettiert werden, damit am Ende das Publikum erleichtert seine Verhaftung oder gar seinen außerrechtlichen umstandslosen Tod erleben kann. Mit dem Vorwurf der Küchenpsychologie wehrt sich der Beschuldigte gegen sein dennoch unvermeidliches Filmende und hinterläßt eine Andeutung, daß er sowohl mehr Anspruch auf subtilere Deutung wie überhaupt auf ein besseres Vorleben gehabt hätte. Dem Publikum wird damit zusätzlich zum Gefühl der Befreiung von einem bedrohlichen Menschen ein gewisses Unwohlsein beim seelischen oder leiblichen Tod des Verbrechers ohne Urteil gegeben.

Ich unterscheide also zwei Küchenpsychologien. Die eine, nämlich meine, mit der ein Nichtpsychologe die Seelenlage einer Textfigur zu verstehen sucht, und die andere, mit der ein Autor die Seelenlage einer Textfigur gestaltet. Die Gestaltung muß nicht als direkte Schilderung eines Seeleninneren geschehen, sie kann auch in der Figurenrede, der Figurenhandlung, dem Figurenäußeren,

[1] Vorgetragen beim XXXVIII. Internationalen Mediävistischen Colloquium, vom 11. bis 18. September 2010, in St. Georgen am Längsee, Kärnten, Österreich.

der Figurenumgebung enthalten sein, versteckt sein. In diesem Drinnenstekken muß die Interpretation mit der Gestaltung zusammenpassen, wenn sie nicht aneinander vorbeireden wollen. Es gilt die Überzeugung, daß, je mehr gebildete Subtilität und Raffinesse bei beiden, Autor und Interpret, desto feiner, überzeugender, authentischer die Psychologie, die der Gestaltung wie die der Rezeption. Natürlich wissen wir heute, daß der Interpret, der Analysierer, der Leser sich aus der Nachzeichnung, der Nach- oder gar Mitgestaltung des auf- und wahrgenommenen Texts nicht heraushalten kann. Und deshalb auch nicht muß oder sollte. Karl Bertau sprach zuletzt von Spiegelungen beim Lesen des fremden Texts.[2] Ich bin nicht sicher, ob das Bild vom Spiegel ganz glücklich ist. Mir ist ein Bild vom Kopieren eines Bildes, vom Portraitieren eines Gegenübers lieber. Weil damit nicht nur mein Bild in den Spiegel hineingesehen und aus ihm wieder (seitenverkehrt) herausgesehen wird, sondern das von mir kopierte Bild oder Gegenüber ein Eigenrecht behält, das ich nach Meinung von andern Kopisten möglicherweise gar nicht erfasse. Sofern ein anderer Kopist aber meine Kopie als solche erkennen kann, wenigstens als entsprechende Bemühung erkennen kann, ist es mir wohl doch gelungen, ein fremdes Moment des Gegenübers in meiner Kopie festzuhalten, das ihr Eigenrecht bestätigt. Das heißt, ich habe in meiner Kopie etwas wahrgenommen in der doppelten Bedeutung des Worts ›wahrnehmen‹ als bemerken und annehmen, bis hin zu der ganz objektiven seemännischen Verwendung ›die Leinen eines ankommenden Bootes wahrnehmen, in die Hand nehmen‹.[3] Die beiden Wahrnehmungsstrategien sind schwer auseinanderzuhalten, vermutlich sogar überhaupt nicht. Man muß also, etwas kalauernd-flapsig gesprochen, Küchenpsychologie anwenden, nicht nur, um sie als Erzählmuster im Text zu sehen, sondern auch, um sich zu erklären, weshalb jemand sie partout nicht sehen will. Vor allem im historisch fernen Text nicht sehen will, um dessen Alterität zu retten. Obwohl wir doch wissen, daß sowohl unsere wissenschaftliche Psychologie (deren Brauchbarkeit von manchen Menschen mit Gründen bestritten wird) wie unsere Küchenpsychologie nicht vom Himmel gefallen sind, sondern in einer langen kulturellen Tradition entwickelt worden sein müssen. In dieser Kette kann ich die Küchenpsychologie auch literarische oder fiktionale Psychologie nennen. Die am besten zu erkennen ist in den dazugehörigen Texten, eben den Küchen- oder trivialen Texten. In denen am

[2] KARL BERTAU, *Poetische Spiegelreflexe.* Zum deutenden Erzählen des Erzählers, in: Gedenkschrift für Alfred Ebenbauer, herausgegeben von JOHANNES KELLER und FLORIAN KRAGL, Göttingen (V&Runipress, Vienna University Press) 2009, S. 25–40.

[3] Vgl. *Deutsches Wörterbuch* von JACOB und WILHELM GRIMM, München (Deutscher Taschenbuch Verlag) 1984 (Nachdruck der Erstausgabe 1854–1971), Bd. 27, Sp. 954, s. v. wahrnehmen, bes. II 5, f.

leichtesten nachzuvollziehen ist, nach welchem Heldengestaltungsmuster der Held gezeichnet wird und verstanden werden soll. Ich könnte wohl sagen, daß literarische Psychologie immer Küchenpsychologie ist. Sie ist nicht da, damit wir den Text besser oder richtiger verstehen, sondern dazu, den Psychobetroffenen erzählerisch dahin zu bringen, wo der Erzähler ihn hinhaben will. Beim Verstehen mittelalterlicher Texte geht's also nicht darum, ob man heutige Psychologie zum Verstehen anwenden darf (darf man), sondern darum, zu sehen, daß und wie der Autor Seelenzustände seiner Helden verwendet, um sie zu gestalten, ihnen Gestalt zu geben.[4] Dazu braucht es keine speziellen Zauberkunststücke, sondern eigentlich nur die genau beobachtende Nacherzählung.

Die Gemahlin des Königs Huge Dietrich auf Kunstenobel zu Griechenland, Schwester Botelungs von den Hünen, gebar ihm drei Söhne (3,4)[5], die sie alle drei Dietrich nannten (*durch die grossen liebe da hiess mans alle Diettreich* 4,2). In dieser Namensgebung sind die dann erzählten Konflikte angelegt; die Gemeinsamkeit und Einigkeit, die hier auch angelegt sein könnte, wird nicht erzählt werden. Spannungen zwischen den Eltern: der Vater hat einen Eigennamen, die Mutter nicht, Spannungen zwischen den Brüdern: die zwei älteren haben und behalten den selben Namen, der Jüngste bekommt einen eigenen, der schon in dem übergeschriebenen Titel steht (*Das ist Wolffdiettrichs buoch* fol. CCV[vc]). Als Elternkonflikt wird erzählt werden, daß der König, der zur Zeit der Geburt des dritten Kinds (19,1) auf Kriegszug ist, sich von einem Ratgeber, der auch aus dem Land der Hünen stammt (193,2-3), einreden las-

[4] Vgl. die Versuche von Susanne Köbele, *Der paradoxe Fall des Ich.* Zur *Klage* Hartmanns von Aue, in: anima *und* sêle. Darstellungen und Systematisierungen von Seele im Mittelalter, herausgegeben von Katharina Philipowski und Anne Prior, Berlin (Erich Schmidt) 2006, S. 265–283.

[5] Ich zitiere den Text und die Übersetzung nach der kommentierten zweisprachigen Ausgabe: *Otnit·Wolf Dietrich.* Frühneuhochdeutsch/Neuhochdeutsch, herausgegeben und übersetzt von Stephan Fuchs-Jolie, Victor Millet und Dietmar Peschel, Stuttgart (Philipp Reclam jun.) 2013. Die Prinzipien von Normalisierung und Graphie, nach denen ich früher schon zitiert habe, haben sich seit den Anfängen unsrer Arbeit geändert; entsprechend habe ich sie hier geändert. Die Zählung der Strophen ist die übliche nach der Edition: *Ortnit und die Wolfdietriche*, nach Müllenhoffs Vorarbeiten herausgegeben von Arthur Amelung und Oskar Jänicke [= *Deutsches Heldenbuch*, dritter Teil 1871], Dublin/Zürich (Weidmann) 1968 [unveränderter Nachdruck der 1. Auflage]. Die handschriftliche Überlieferung habe ich verglichen nach: *Ambraser Heldenbuch.* Vollständige Facsimile-Ausgabe im Originalformat des Codex Vindobonensis Series Nova 2663 der Österreichischen Nationalbibliothek, Kommentar Franz Unterkircher, Graz – Austria (Akademische Druck- u. Verlagsanstalt) 1973 [Codices Selecti Volumen XLIII].

sen wird, daß das Kind nicht von ihm sei. Dieser falsche Ratgeber Saben versucht – in des Königs Abwesenheit – seines Herrn Platz im Bett der Königin zu ergattern, was die aber schärfstens zurückweist und verhindert. Damit beginnt auch ein Vater-Sohn-Konflikt, der sich letztlich in der Enterbung des Jüngsten äußert, womit der Konfliktplot des ganzen Romans angelegt ist. Dem Eltern- und Vater-Sohn-Konflikt entspricht – außer dem Prinzip ›pater semper incertus‹ – die Absicht des Autors, den märchenhaft dritten jüngsten Dietrich als exceptionell gezeugt, geboren und begabt nach den Mustern Alexander oder Jesus oder Artus zu gestalten. Die Muster werden nicht genannt, aber die Absicht ist leicht erkennbar. Etwa die Annuntiationsparallele:

> Si lag eines nachtes in irem bete und slief.
> si was nicht vol entslafen, unz ir ein stimme rüef
> ›fraw, du solt wachen, ditz schrecken mir vertragen:
> nu du an got gelaubest, ich sol dir guote mär sagen.
>
> Dein man und du seit haiden, doch tregst ein kindelein:
> got wil dich nicht erlassen, es muoss cristen sein.‹
> si sprach ›wie gern ich laist sein bet und sein gebot,
> sol ich michs an dich lassen und an deinen got.‹
>
> Er sprach ›dise märe also ware sint,
> als daz du an dem fünften morgen, fraw, gewinnest ein kint,
> daz dir dein schöpfere under dein herze hat gefrumt.
>
>
> Sie lag eines Nachts in ihrem Bett und schlief.
> Sie war noch nicht ganz eingeschlafen, als ihr eine Stimme rief:
> ›Edle Frau, du sollst aufwachen – vergib mir, daß ich dich erschrecke! –
> da du doch an Gott glaubst, soll ich dir gute Botschaft sagen.
>
> Dein Mann und du, ihr seid Heiden, doch trägst du ein Kind –
> Gott erwartet von dir: Das muß getauft und Christ werden!‹
> Sie sprach: ›Wie gerne erfülle ich seine Bitte und sein Gebot,
> und überlasse mich damit dir und deinem Gott!‹
>
> Er sprach: ›Diese Worte sind so wahr,
> wie daß du am fünften Morgen, edle Frau, ein Kind bekommst,
> das dir dein Schöpfer unter deinem Herzen erschaffen hat.
> (20,1–22,3)

In diesen drei Strophen wird die Biologie der menschlichen Fortpflanzung und die Erfahrung der zweifachen Mutter außer Kraft gesetzt und mit ebenso fein angedeuteten wie plump gesetzten Strichen eine legendenhafte gottväterliche Allmacht gestaltet. Die beiläufige Aussage *si was nicht vol entslafen* (20,2) macht klar, daß es sich hier nicht um Traumstrophen handeln soll, sondern um ein reales und bewußt wahrgenommenes Erleben. Die Heidenkönigin wird präzise als Renegatin gezeichnet, indem ihr Glaube an Gott konstatiert wird, sie ihrerseits gegenüber dem Botschafter aber nicht von ›meinem Gott‹, sondern von ›deinem Gott‹ spricht (21,4). Das Zusammenrücken der Geburtsankündigung für den fünften Morgen und der Schöpfungsakt des Kinds unterm Herzen der namenlosen Mutter in einer Strophe (22,3-4) machen Kind, seine Zeugung und Geburt zwischen den Zeilen zum außergewöhnlich Besonderen. In dieser Szene sind die Verdächtigungen, daß das Kind nicht von Huge Dietrich sei, die der Intrigant nutzen und in seinem Interesse befördern wird, programmiert. Die Stimme des männlichen Boten ordnet einfach an, was die Mutter jetzt mit dem Kind zu tun hat. In einer clandestinen Unternehmung, die an eine frühchristliche Märtyrergeschichte erinnert: Sie soll das Kind zu einem Einsiedel vor der Stadt bringen und dort nicht achten, was er mit ihm tut. Als Zeitpunkt ist bestimmt *an einem morgen fruo* (23,3), als läge das in ihrer freien Entscheidung. Der Klausner nimmt ihr das Kind ab (*si werte sich des lange*, 26,3), und tauft es; die Formulierung zeigt das Unwissen und das Unbehagen der Mutter: *si sach das hart ungerne, daz ers in das wasser stiess* (26,4). Sie sieht Kerzenschein über den ›Wogen‹, Helfer kann sie leider nicht sehen (27). Der Täufer wickelt das Kind in Seide und gibt der Mutter (und dem Kind) eine Prophezie auf den (Lebens)Weg: Sie soll ihm das Taufgewand bewahren und achten, daß er es anlegt, wenn er sich in Sorgen begibt (nein! keine Angst, es wird mit ihm wachsen), es wird ihn vor Verwundung durch Waffen, vor Wasser und vor Feuer schützen (28–30), er, der Einsiedel werde ihm jedes Jahr (zum Jahresbeginn? 31,2) die Stärke eines Mannes schenken: man vergleiche das Rüstungsgeschenk von Vater Alberich an Otnit – der Einsiedel ist aber nur der Taufvater, die Männerkraft ist eine Gottesgabe, die Dietrich fünfzig Jahre alt werden läßt, dann werde er also die Stärke von fünfzig Männern haben (31,3-4)[6], das Kind werde zwar oft dem Tod nahe sein, aber mit eigner Hand werde er sich eine schöne Königin und ein Land erstreiten (32). Dieses erste Kapitel endet für den Helden als den Rächer Otnits mit dem vorletzten Vers *das sol des wurms veindes erste abentewr sein* (33,3). Der letzte Vers des Kapitels erinnert an die Witwe Otnits, die später Wolf Dietrichs *schöne küniginne* (32,4) wird: *noch lebt auf Garte in sorgen die arme künigein.* (33,4)

[6] Vgl. Otnit, der schon als junger König die Stärke von zwölf Männern hat (O 6,3).

Ich nenne jetzt die Entwickungsstationen des Helden bis zum siebten Kapitel, zu dem ich küchenpsychologisch eigentlich wollte. Die Mutter liebt ihr drittes Kind mehr als die andern beiden (34,4). Der Erzähler konstatiert ohne Kommentar: *Si het in got ergeben und dem teufl gar benomen* (35,1). Als der König von seinem unmotivierten Kriegszug gegen seinen Verwandten, Fruote von Tenemarch, seinen Schwestersohn (6,1-2), zurückkehren will, weiß er noch nichts von seinem neuen Sohn, der schon mächtig gewachsen war (35,2-4); Boten informieren ihn, es zieht ihn zu Frau und Kind und er freut sich über den jüngsten Dietrich (36 und 37). Der ist jetzt dreieinhalb Jahre alt (39). Es wird nicht erzählt, daß die Boten nach Tenemarch und mit dem König zurück mehrere Jahre gebraucht hätten. Man sieht, daß Vater und Sohn nebeneinander unterschiedliche Chronologien bekommen: Was für den exzeptionellen Helden von jetzt auf gleich geht, in einem Erzählsprung von der Geburt in die Ich-Bildungsphase, dauert für den gewöhnlichen Vater Jahre.[7] An der königlichen Tafel hat Jung-Dietrich einen Stehplatz, damit er nach Belieben umherlaufen kann, und wenn ihm ein Hund das Brot aus der Hand reißt, wirft er ihn an die Wand (38). – Immer wieder rationale Details (der Platz an der Tafel) als Zeitkolorit der Erzählung unbekümmert neben verbreiteten Elementen der überlieferten Stoffstruktur (der Wurf mit dem Hund[8]). – Mancher bei Hofe ist der Meinung, daß das schöne Wunderkind vom Teufel sei und der König es töten lassen solle (40). Was ja wohl nur nach einem archaisch-märchenhaften Recht denkbar wäre, wie der nach Sabens Einflüsterungen, die mit des Königs latenter Eifersucht spielen, geplante und unternommene Kindsmordversuch, sein Scheitern und die folgende Gerichtsverhandlung zeigen. Mit dem Mord beauftragt wird Berchtung von Meran[9], des Königs engster Berater und bester Mann. Dessen Weigerung, seinen jungen Herrn umzubringen, hält nicht lang, weil der König ihm droht, im Fall seiner Weigerung seine Frau und seine (sechzehn) Söhne an den Zinnen seiner Burg aufzuhängen. Der kleine Dietrich wird vom Vater – die Mutter schläft und merkt nichts – aus dem Bett genommen, Berchtung übergeben

[7] Zur Erzählstruktur der unterschiedlichen Chronologien vgl.: UTA STÖRMER-CAYSA, *Wer ist der Herr der Zeit?* Über die Ungewißheit von Übereinkunft in Gottfrieds *Tristan*, in: Poetica 33 (2001), S. 51–68.

[8] Vgl. *König Rother*: Asprian wirft Konstantins Löwen an die Wand, der den Rittern an der Tafel *daz brot* nimmt (1146–52). *König Rother*, Mittelhochdeutscher Text und neuhochdeutsche Übersetzung von PETER K. STEIN, herausgegeben von INGRID BENNEWITZ unter Mitarbeit von BEATRIX KOLL und RUTH WEICHSELBAUMER, Stuttgart (Philipp Reclam jun.) 2000 [= Universal-Bibliothek 18047].

[9] Vgl. Rothers Erzieher und Berater Berchter von Meran (mit zwölf Söhnen). Vgl. Anm. 8 (472ff.).

und von dem, wieder in einer clandestinen Unternehmung, recht wie von einem üblen Mordbuben als Bündel im Regenumhang vor sich auf dem Pferd weit weggeführt. Es war Berchtung, der die Königin von Botelung, dem Hünen, zuerst für sich gewann und sie dann seinem Herrn Huge Dietrich übergeben hatte. Noch eine fein-intime Verknüpfung zwischen der Königin und einem andern Mann als dem ihren. Berchtungs Haltung zu seinem Mordauftrag bleibt zwiespältig. Die zutraulichen Annäherungen des Kindes beantwortet er schroff: Wenn es in die Ringe seiner Rüstung greift und wie der junge Parzival fragt, was das sei;[10] wenn es lacht, daß es dem Alten weh tut. Draußen, fern von aller Zivilisation, setzt Berchtung das Kind ins Gras, bringts aber nicht fertig, es mit dem Schwert zu töten: *sein hende es wolten töten, do gestats sein herze nicht* (87,4). Er hat den Verdacht, Gott habe vielleicht die Finger im Spiel (daß Berchtung ein Christenmensch wäre, war nirgends erzählt worden – aber zweifellos verhält er sich wie einer). So kommt er auf den Einfall, das Kind an einen Quellweiher zu setzen, damit es dort nach den Teichrosen griffe und sich dabei selbst ertränkte.[11] Aber das Kind geht von dem Weiher weg auf die Wiese. Berchtung versteckt sich vor dem Kind im Gebüsch, um zu sehen, was sich täte. Auf den Abend kam alles Wildgetier zum Quell nach Wasser, *lewen, bern, wiltswein* (99,3). Dann kam ein Rudel hungergieriger Wölfe, angelockt vom süßen Körpergeruch des Kinderleibs. Die setzten sich um das Kind, rissen ihre Rachen auf – und wurden so satt, daß sie es nicht fraßen. Die Augen leuchteten ihnen wie Kerzenlichter aus den Köpfen, das Kind ging furchtlos herum und griff ihnen in die Augen. Berchtung kommt aus dem Staunen nicht heraus und ist sich sicher, daß hier Gottes Wille walte. Im ersten Morgenleuchten machen sich die Wölfe davon und Berchtung macht noch einen letzten Test, mit dem man angeblich Christen testet: Er bastelt ein Holzkreuz und steckt es vor das Kind in den Sand. Und was tut das Kind? Nichts! Womit bewiesen ist, daß es von Christ geschaffen ist, und wenn selbst ein Heide, dann doch einer, der zu leben verdient. Denn wäre es vom Teufel, hätte es das Kreuz zerstört. Berchtung bringt das Kind zu einem Wildhüter und seiner Frau, die sich gegen Lohn darum kümmern und es für ihr eignes ausgeben. Neue Eltern also. Allein fünf Väter phantasiert: Huge Dietrich, Saben, Berchtung, Teufel, Gott, Wildhüter.

[10] Wolfram von Eschenbach, *Parzival.* Studienausgabe, 2. Auflage. Mittelhochdeutscher Text nach der sechsten Ausgabe von Karl Lachmann, Übersetzung von Peter Knecht, mit Einführung zum Text der Lachmannschen Ausgabe und in Probleme der ›Parzival‹-Interpretation von Bernd Schirok, Berlin (Walter de Gruyter) 2003, hier: 123,21ff.

[11] ›Rose‹ heißt das Schwert, das der Zwergenkönig Alberich für seinen Sohn Otnit gemacht hat und bereithält (O 116,3).

Dann folgt auf Betreiben des Intriganten Saben ein detailliert beschriebener Gerichtsprozeß gegen Berchtung als angeblichen Mörder, bei dessen Verurteilung Huge Dietrich nicht nur das Teufelskind loswäre, sondern auch Saben Fürst Berchtungs mächtige Stellung einnehmen könnte – der König ist nun erpreßbar. Es sieht nicht gut aus für Berchtung, der schweigt, um seinen jungen Herrn nicht zu gefährden, bis ihm sein empörter Schwager Baltram (186,3; 194,1) mutig als einziger Fürsprech zur Seite springt, und die Königin Berchtungs Brief mit der Rettungsgeschichte, den er ihr zukommen ließ, verlesen läßt. Saben ist entlarvt und wird verbannt, die Königin fragt nach ihrem Kind, Berchtung antwortet:

›Ich wil euch sagen, frawe, ein arm man *in*[12] zoch,
den er vil harte raufte, daz er ze walde vor im floch,
wenn er in icht erzürnte, er sluog im einen slag,
wann er in mocht erlangen, daz er vor im gelag.

Sich verbarg auch vor im dicke des arm mannes weib.
si clagten auch mir baide, si behielten kaum den leib.
dem teufel aus der helle wurden si nie so gram:
si kusten mich vor liebe, do ich in von in da nam.‹

Sein vater wolt in treuten, er was im lieb genuog:
daz kind in nicht erkande, den vater es von im sluog
und stiess in mit dem fuosse ein ungefüegen stoss:
›ja kumstu nimmermere‹ sprach der vater ›auf mein schoss.‹

›Ich will euch sagen, Madame, ein Unfreier hat ihn aufgezogen,
den er sehr heftig gerauft hat, daß er vor ihm in den Wald geflohen ist,
wenn er ihn irgend in Zorn brachte, schlug er ihm einen solchen Schlag,
wenn er ihn erreichen konnte, daß er vor ihm dalag.

Auch hat sich die Frau des Unfreien oft vor ihm versteckt!
Außerdem haben sie mir beide geklagt, daß sie kaum Leib und Leben behalten konnten.
Nicht einmal dem Teufel aus der Hölle wurden sie so gram –
sie haben mich vor Liebe geküßt, als ich ihn von ihnen weggeholt habe.‹

Sein Vater wollte ihn kosen, er war ihm ja lieb genug –
das Kind kannte ihn nicht, es schlug den Vater von sich
und stieß ihm mit dem Fuß einen gewaltigen Stoß.
›Ja! Du kommst mir nimmer‹, sprach der Vater, ›auf den Schoß!‹
(235,1–237,4)

[12] 235,1 *in* steht nicht in der Handschrift.

Noch kurz vor seinem Tod bespricht Huge Dietrich mit seiner Frau, daß der Dietrich, der nun von seinem Retter Berchtung den Namen Wolf Dietrich oder meist Wolf Herr Dietrich bekommen hat, zur externen Erziehung in die Obhut von Berchtung gegeben werden soll. Der fragt zwar sich und den König, was er mit dem Jungen ohne Land anfangen soll (242,4–243,1), aber der kleinlaute König kann seinen Schwur, dem Jüngsten nichts zu vererben, nicht zurücknehmen, gottseidank gibts die Vorhersage des Einsiedlers. Und immerhin hat er für den Sohn und seine Eigeninitiative einen Harnisch, ein gutes Schwert und ein uneinholbares Roß bereit (245,4–246,2).[13] Wir sehen Berchtung also als endgültigen Namengeber und Ziehvater.

II. Die Ablösung von Vater und Mutter

Was ich jetzt erzählen möchte, steht fast zur Gänze im siebten Kapitel. Es beginnt mit der Erziehung Wolf Dietrichs am Hofe Berchtungs, an dem er jetzt lebt und in aller Liebe als künftiger Herrscher geformt wird. Die Pädagogik setzt das Zurechtprügeln des eigenwilligen Kleinen, wie es das Wildhüterpaar begonnen hatte, fort.

> Berchtung nam mit trewen   das liebe kindelein
> und bevalch es auf die sele   der lieben frawen sein.
> er sprach ›derselben trewen   du immer geniessen muost,
> daz du unserm erbherren   als deinem kinde tuost.‹
>
> Da was auch Berchtunge   hart wol damit.
> er lachte vast dick   seines herren sit,
> daz er in der burge   niemand nicht vertruog,
> daz er so manigen starken   raufte und auch sluog.
>
> Auch ward er in der burge   so frävel und auch müelich,
> daz si alle waffen schrien   über den Wolf Diettrich.
> wenn in her Berchtung wolte   umb sein ungefüege slahen,
> so muosten*s*[14] in immer rechte   binden unde vahen.

[13] Vater Alberich hatte für seinen Sohn Otnit auch Rüstung, Schwert und Schild vorbereitet, selbstgemacht (O 112–117). Zur erzählstrukturalen Funktion dieser Rüstung vgl.: STEPHAN FUCHS-JOLIE, *Was bleibt.* Otnit, Auberon und die Auferstehung des Buches, in: *Vom Verstehen deutscher Texte des Mittelalters aus der europäischen Kultur*. Hommage à Elisabeth Schmid, herausgegeben von DOROTHEA KLEIN, Würzburg (Königshausen & Neumann) 2011, S. 393–425.

[14] 253,4 *muosten in* steht in der Handschrift.

Als si in auch gebunden, so sluog er in ze frommen:
des muost er der ungefüege dest schierer abekomen.
er sluog in hart dicke, die slege im teten wee.
was er im auch verlobte, das brach er nimmermee.

Berchtung nahm in Treuen das liebe Kind
und befahl es, auf ihre Seele, in die Hände seiner lieben Gemahlin.
Er sprach: ›Allzeit sollst du den Nutzen von der Treue haben,
daß du unsern Erbherrn wie dein eigen Kind behandelst.‹

Und dann ging es auch Berchtung sehr gut damit –
er lachte oft und heftig über die Angewohnheiten seines Herrn,
daß er in der ganzen Burg keinem etwas nachsah,
daß er so manchen Starken raufte und schlug!

Auch wurde er in der Burg so frech und anstrengend,
daß sie alle ›Alarm!‹ schrien über diesen Wolf Dietrich.
Wenn ihn Herr Berchtung für seine Ungezogenheit schlagen wollte,
so mußten sie ihn jedesmal regelrecht fesseln und einfangen.

Wenn sie ihn auch fesselten – er schlug ihn nur zu seinem Nutz und Frommen;
damit sollte er von seiner Ungezogenheit umso schneller wegkommen;
er schlug ihn oft und hart, die Schläge taten ihm weh –
und alles, was er ihm darauf versprach, das brach er nimmermehr.
(251,1–254,4)[15]

Blickwechsel in der Erzählung, der König Huge Dietrich stirbt, er befiehlt Stadt und Land, seine drei Söhne und seine Gemahlin Berchtung von Meran an. Der Intrigant Saben nutzt die Stunde und bewirbt sich bei der Witwe um ihre erneute Huld. Dabei handelt es sich nicht darum, daß sie wieder nett zu ihm ist und gut mit ihm. »Vergabe, Entziehen, Wiedervergabe von Huld ist eines der wichtigsten höfischen Herrschaftsinstrumente.«[16] Die Huld der Königin ist für ihn nicht nur politisch, sondern leibhaftig überlebenswichtig. Gegen den Rat Berchtungs gibt ihm die Königinwitwe ihre Huld und mit einer weiteren Denunziation von Berchtung und Wolf Dietrich und seiner Mutter

[15] Es bleibt offen, wer hier für wen zuverlässig ist, was aber – unabhängig von dem üblichen, oft nicht leicht zuzuordnenden, pronominalen Erzählen in mittelalterlicher Literatur – hier sehr sinnvoll ist, denn Vertrauen ist eine Sache zwischen zweien.

[16] Stephan Fuchs-Jolie, *Von der Gnade erzählen.* Parzival, Gottes *hulde* und die Gesetze des Grals, in: Frühmittelalterliche Studien. Jahrbuch des Instituts für Frühmittelalterforschung der Universität Münster, herausgegeben von Gerd Althoff, Hagen Keller und Christel Meier, Berlin/New York (Walter de Gruyter) 2007, S. 435–446, hier: S. 438.

gegenüber den beiden älteren Brüdern wird Berchtung aus dem Rat verstoßen (265,1) und die Königin wird von den ältesten Söhnen ohne jede Unterstützung und Versorgung vom Hof verbannt (269–272) mit der Aufforderung: *nu hebe dich zu dem manne, den du dir da hast genomen!* (272,4) – gemeint ist eine Andeutung, Berchtung von Meran sei Wolf Dietrichs Vater (vgl. 274,4). *Man liess ir vil kaume ir ross und ir gewant.* (278,1) Sie begibt sich an den Hof Berchtungs, um dort um Hilfe zu bitten. Berchtung sieht sie kommen, ihm schwant, was geschehen ist. Nun die hübsche Geschichte, wie er Wolf Dietrich auffordert, seine Mutter zu empfangen:

da sprach er zu dem kinde ›nu wol an, herre mein!
mit mir du solt emphahen die lieben muoter dein.‹

Da sprach der junkherre ›nu ist doch mein muoter hie.
si kam in einem jare für Lilienporten nie.‹
er wänet es wär sein muoter des Berchtunges weib.
von demselben wane beschwärt ward sein leib.

Da sprach der vil getrewe ›zwar si ist dein muoter nicht,
und dient dir doch vil gerne, wo dir sein not beschicht.
also tuon auch ich zware, wo dir sein wirdet not.
der aber dein vater haissen solt von recht, der ist todt.‹

Sust ward da der rede ir baider vor jammer gar geswigen.
die freude in ir herzen die muost gar geligen.
iedoch was im vil laide, wie er were ein kindelein.
da lief er für die porte und emphieng die muoter sein.

Dann sprach er zu dem Kind: ›Auf denn, mein Herr!
Du sollst mit mir deine liebe Mutter empfangen!‹

Darauf sprach der junge Herr: ›Aber meine Mutter ist doch hier!
Das ganze Jahr ist sie nicht aus Lilienport herausgekommen!‹
Er meinte, die Frau von Berchtung wäre seine Mutter.
Durch diesen Irrtum ward ihm jetzt das Leben schwer.

Da sprach der Allertreuste: ›Nein, in Wahrheit ist das nicht deine Mutter!
Und ist dir doch so gern zu Diensten, wo immer es dir not ist.
Und auch ich tu das, wahrhaftig, wo immer es dir not tut.
Der aber dein rechtmäßiger Vater heißt, der ist tot.‹

Und so schwiegen beide nach dieser Rede, vor Jammer.
Die Freude in ihrem Herzen, die lag wie tot.
Hatte er doch so viel Leid, obwohl er noch ein kleines Kind war!

Und dann lief er zum Tor und empfing seine Mutter
(280,3–283,4)

Das ist die allgemein verbreitete Kindheitsphantasie ›ich bin nicht das Kind meiner Eltern‹, hier als Angstphantasie; sie kann auch als Wunschphantasie auftreten. Es wird hier auch enthalten sein, daß mittelalterliche Kinder, mindestens Königskinder nicht in einer stabilen Kleinfamilie Vater-Mutter-Kind aufwachsen. Berchtung läßt sich nicht nehmen, die Königin jetzt erst einmal ironisch-höhnisch zurechtzuweisen mit einem ausführlichen ›Das hamse nu davon!‹ Dann aber heißt er sie höflich willkommen (284–288), so wie auch ihr Sohn:

Mit züchten sprach der junge ›fraw, ir solt mir sein willekomen
zu meines vater hause. was ich euch mag gefrummen,
und daz ich euch mag gedienen, das tuon ich alle zeit.
ich dien euch dest gerner daz ir mein muoter seit.‹

Wie es sich gehörte sprach der Junge: ›Madame, ihr sollt mir willkommen sein
in meines Vaters Haus. Alles, was ich euch Gutes tun kann
und was ich euch an Dienst leisten kann, das werde ich jederzeit tun.
Ich dien euch umso lieber, als ihr meine Mutter seid!‹
(289,1–4)

Obwohl der vermeintliche Vater Berchtung dem Jungen gerade gesagt hatte, daß sein richtiger Vater tot sei, spricht Wolf Dietrich hier vom Haus seines Vaters. Eine Begründung der aktuellen Erziehungsmethode mit ihrem Zweck und Ziel wird jetzt in einer Strophe beiläufig erzählt:

Da bezwang in auch der alte daz im vorchte was bekannt,
daz er im alle morgen muosste raichen sein gewant.
er tet es durch sein liebe, wo er sich an im vergass,
daz in in frömden landen dienst lustet dester bas.

Damals zwang ihn der Alte, daß er kennenlernte, was Ehrfurcht war,
indem er ihm alle Morgen sein Gewand reichen musste.
Wenn er sich an ihm vergaß, tat er das aus Liebe zu ihm,
auf daß der Junge in fremden Landen umso mehr Lust auf Dienen hätte.
(291,1–4)

Nun aber das Ende dieser Entwicklungsphase. Der Junge ist alt genug, um seinen Alltag selbst zu bestimmen. Die Bewußtwerdung geschieht aus Anlaß der Andeutungen über seine Abkunft, die er nun genau kennen will. Davor steht die Gewaltvorstellung der Verweigerung:

Des morgens vor dem bete er eines mals stuond
und wartet im mit dienst, als die cammerere tuond,
unz er alles dinges zu der kirchen was berait:
was er haben solde, das het er angelait.

Aus der kemenate wolt er vor im gan.
mit züchten sprach der junge ›herre, ir solt stille stan.
ir müesset meines dienstes immermer wesen frei,
ir sagt mir wer ich selber und mein geschlächte sei.‹

Lachent sprach der alte ›nu bist dus doch mein kind.
du bist mir zwar lieber dan deine brüeder sint.‹
›schweiget‹ sprach der junge, ›der schimph ist gar enwicht.
seit ir mein vater heute und wardt sein gester nicht?

Ich wil euch fragen, herre, ir solt mich berichten gar,
in welhem lande ich rechte nach meinem vater far,
oder wo ich in todten vinde; der raise ist mir vil gach.
bin ich von edlem künne, ich wil auch tuon darnach.‹

Dieses Mal, des morgens, stand er vor dem Bett
und wartete ihm mit seinen Diensten auf, wie die Kammerherren tun,
bis er mit allem Drum und Dran zum Kirchgang bereitet war –
alles, was er brauchte, das hatte er angelegt.

Aus der Kemenate wollte er vor ihm gehen.
Wohlerzogen sprach der Junge: ›Herr, ihr sollt stehenbleiben!
Ihr müßt in Zukunft ohne meinen Dienst auskommen,
es sei denn, ihr sagt mir, wer ich bin und zu welchem Geschlecht ich gehöre.‹

Lachend sprach der Alte: ›Aber du bist doch mein Kind!
Und zwar bist du mir lieber als mir deine Brüder sind.‹
›Schweigt‹, sprach der Junge, ›das ist kein Scherz!
Seid ihr heute mein Vater und wart es gestern nicht?

Ich will von euch wissen, Herr, und ihr sollt mich genau unterrichten,
in welches Land ich reisen muß, um zu meinem Vater zu kommen,
oder wo ich ihn als Toten finde – auf diese Reise will ich so schnell wie möglich.
Bin ich von edler Abkunft, so will ich auch danach handeln.‹
(292,1–295,4)

Wir sehen: Das erzählerische Spiel mit den Vaterschaften muß ein Ende haben. Mit einem freundlichen oder auch verlegenen, jedenfalls abwehrenden Lachen des Alten ist es nicht mehr getan. Aus durchaus berechtigter Angst vor dem Tod gewährt er dem Jungen die Forderung (*Da werte des der alte, wann er des todes wär geweret* 296,1), denn der hat des Fürsten Schwert unterm Arm, das ist der angedrohte Vatermord. Berchtung schickt Wolf Dietrich zu seiner Mutter, die kennte sein Geschlecht und die Wahrheit (296,4). Als der Junge die Kemenate verläßt, *sich freute des der alte daz der junge von im trat* (Da freute sich der Alte, daß der Junge von ihm fortging 297,2). Er ist ein kluger Mann und Erzieher, der weiß, wann der rechte Zeitpunkt zum Loslassen ist, zum Loslassen für beide, Vater und Sohn, und der weiß, daß diese Ablösung nicht simuliert werden kann, sondern das tödliche Risiko braucht. Er sagt ihm noch, und zwar *mit vorchten* – gewiß mit der Ehrfurcht vor dem Königssohn und Herrn (der bisher ihn *herre* genannt hatte, vgl. 293,2), gewiß aber auch mit Furcht vor seinem Zorn, der allerdings nicht nur wilde Wut ist, sondern immer auch eine stereotype Eigenschaft des Helden und Kriegers[17]: ›*das schwert das lasset hie.*‹ (297,4). Wohl gemerkt: Ab sofort ihrzt er den jungen Mann, den er als lachender Vater gerade noch geduzt hatte (294,1f.). Das weist der Junge zurück. *er truog vil zorniklichen das schwert in seiner handt: / hin gie er in das münster, da er sein muoter vant.* (298,3f.)

Es folgt wieder eine reizende Szene, in der der junge Möchtegernerwachsene seine Unsicherheit über Abstammung, Sexualität, Fortpflanzung kundtut. Er fährt seine Mutter an:

Er sprach ›nu saget mir, frawe, und haisset ir ein künigein,
wisset ir ob ir erkennet den lieben vater mein?
seit aber ir mein muoter und bin ich ewr kind,
ir solt mich dahin weisen da meine freundt sind.‹

Er sprach: ›Nun sagt mir, Madame, wenn ihr doch eine Königin heißt:
Wißt ihr, ob ihr den kennt, der mein lieber Vater ist?
Seid ihr aber meine Mutter und ich bin euer Kind,
dann müßt ihr mich dahin weisen, wo meine Angehörigen sind.‹
(299,1–4)

Hübsch die Verschiebung seiner Unkenntnis über den Vater auf die Mutter. Man sieht, daß das Kind, als es zu Berchtung gegeben wurde, kaum älter als die genannten dreieinhalb Jahre gewesen sein kann, da es sich nicht an einen

[17] Daher haben wir *zorn* und alle Ableitungen von *zorn* immer mit ›Zorn‹ übersetzt und grundsätzlich darauf verzichtet, über eine aktuelle Gefühlslage der Stelle zu spekulieren.

andern Vater erinnert. Die Mutter konstatiert erstaunt seinen Zorn, ist sich sicher, daß er ihr nichts tut (was allerdings auf ihre Angst weist), sieht sich außerstande, ihm im Augenblick mehr Verwandte zu zeigen, bestätigt ihm ungefragt ihr Mutter-Sohn-Verhältnis: *ich bin dein muoter und du mein kindelein* (300,4). Dann des Buben Frage nach der Vaterschaft und der Mutter kurze Aufklärung:

›Mag aber ein kindt von muoter on vater komen?‹
›entraun‹ sprach die fraw, ›des hab ich nicht vernomen.
von vater und von muoter wirt wol ein kind geborn.
den vater den aber du hettest, den hastu laider verloren.‹

›So saget mir wo der sturbe oder wo der sei gewesen –
und saget ir mir unrechte, ich lass euch nicht genesen.‹
si sprach ›vil lieber herre, ir solt mir nicht entuon.
von allen vier enden seit ir eines küniges suon.

Dein vater und dein muoter was künig und künigein.
du solt auch von rechte gewaltiger künig sein.
dein vater was ze Kriechen ein gewaltiger künig reich,
der sass auf Chunstenobele und hiess Hugediettereich.‹

›Ist es aber möglich, daß ein Kind von einer Mutter kommt, ohne Vater? ‹
›Meinertreu!‹, sprach die Dame, ›das hab ich noch nie gehört.
Nur von Vater und von Mutter wird ein Kind geboren.
Den Vater aber, den du hattest, den hast du leider verloren.‹

›So sagt mir, wo der angeblich gestorben oder wo er gewesen ist –
und sagt ihr mirs nicht richtig, lasse ich euch nicht am Leben.‹
Sie sprach: ›Mein liebster Herr, ihr sollt und werdet mir nichts tun.
Nach allen vier Seiten seid ihr der Sohn eines Königs.

Dein Vater und deine Mutter waren ein König und eine Königin.
Du sollst von Rechts wegen auch ein gewaltiger König sein.
Dein Vater war zu Griechenland gewaltiger König, reich und mächtig:
Der saß auf Kunstenobel und hieß Huge Dietrich.‹
(301,1–303,4)

Von der Mutter bekommt der Junge jetzt Berchtungs Verteidigungsbrief, der sich nun als Abstammungsdokument erweist und aus dem zornigen jungen Mann sogleich ein passendes Glied in der Familienkette macht, das seine Aggressionen künftig nach außen richten kann:

Da naigte er seiner muoter das haubet in die schos.
do ward ir baider wainen und auch ir jammer gros:
er halstes und kusstes, ir claider wurden nass.
durch seines maisters liebe des swertes er vergass.

Der muoter er die tavel in den buosm widerumb stiess.
da suochte er Berchtungen, das schwert er ligen liess.
da bot er seinem maister vil senlichen gruos,
er küsste im an die hende und naigt im auf den fuoss.

›Got müess dir vergelten, fürst von Meran,
maister und herre, daz du mir hast getan.
ich han von deinen gnaden mein ere und auch mein leben.
ich wil mich, lieber maister, in dein genad geben.

Ich han vil recht erfraget, von wann ich bin bekomen.
mir würdt unbillichen mein erbtail genomen.
waiss got, mir gilt Sabene den ungetrewen rat,
daz er mich und mein muoter also verstossen hat!

So bin auch ich gewachsen vil nach zu ainem starken man.
man muoss auch mir von rechte mein erbtail verlan.
zwar ich geruowe auch nimmer, ich gewinne ein künigreich.‹

Darauf beugte er das Haupt in seiner Mutter Schoß.
Und dann ward ihr beider Weinen und auch ihr Jammer groß.
Er halste sie und küßte sie, ihre Kleider wurden naß.
Aufgrund der Liebe zwischen ihm und seinem Lehrmeister vergaß er das Schwert.

Der Mutter schob er die Brieftafel wieder in den Busen.
Dann suchte er Berchtung, das Schwert ließ er liegen.
Dann bot er seinem Lehrmeister einen langersehnten Gruß:
Er küßte ihm die Hände und neigte sich zu seinen Füßen.

›Gott möge dir vergelten, Fürst von Meran,
mein Lehrer und mein Herr, was du mir getan hast.
Von deinen Gnaden hab ich meine Ehre und auch mein Leben.
Ich will mich, lieber Meister, in deine Gnad ergeben.

Ich habe gründlich erkundet, woher ich gekommen bin.
Es wäre unbillig, wenn mir mein Erbteil genommen würde.
Weiß Gott, Saben wird mir seine ungetreuen Machenschaften entgelten,
daß er mich und meine Mutter auf die Weise verstoßen hat.

Inzwischen bin ich doch gewachsen und eigentlich ein starker Mann.
Und so muß man mir von Rechts wegen mein Erbteil überlassen.

Wahrhaftig, ich werde nimmer ruhen, ich werde ein Königreich gewinnen!‹
(305,1–309,3)

Wie das geht, wird im nächsten Kapitel erzählt: *Abenteur: Wie Wolff Diettrich mit seinen zwain bruodern strite und gesiget in an.* Berchtung ist doch einigermaßen erschrocken über den plötzlichen Tatendrang des Jungen. Nach vierzig Jahren Frieden, die er zuletzt erleben durfte. Doch verspricht er Hilfe in einem unausweichlichen Krieg, versucht aber noch, ihn zu vermeiden:

Auf den wil ich dir helfen und auf die bruoder dein,
si tuon dir dan rechte und der frawen mein.
sol aber es dir icht helfen – du wilt nach streite toben
da für *d*er eezeit – du solt mir das verloben,

daz du icht vechtest, wo wir komen in den streit.
ich säh aber es vil gerne, nu ist sein noch nit zeit.
des hab wir site ze Kriechen, er muoss volwachsen gar,
daz im iemand schwert erlaube, er hab dann vierundzwainzigk jar.‹

Ich will dir gegen ihn helfen, und gegen deine Brüder,
es sei denn, sie gewähren dir und meiner Königin euer Recht.
Soll dir aber Hilfe werden – du willst dich wie ein Wahnsinniger in den Kampf stürzen,
noch bevor du recht mannbar bist – so mußt du mir das geloben,

daß du nicht fechten wirst, wo wir irgend in einen Kampf geraten!
Ich sähe es ja überaus gerne, aber noch ist nicht die Zeit dafür.
Wir haben in Griechenland den Brauch, daß einer erst ausgewachsen sein muß,
damit ihm erlaubt werde, das Schwert zu führen, ehe er vierundzwanzig Jahre ist.‹
(314,1–315,4)

Ob hier eine reale Kriegsmündigkeit irgendwo im Reich zu denken ist oder nicht, erzählerisch entscheidend für die Stelle ist, daß Wolf Dietrich sich nicht auf rechtliche Gewohnheiten einläßt. Er knüpft an seine erzählheldische Unbezähmbarkeit vor der zweiten Erziehungsphase im Hause Berchtung an, er will keine Hilfe und keine Erlaubnis:

›Nu sweige‹ sprach der junge, ›und sich ich dich in der not,
ee ich dich sterben liesse, ich läge ee bei dir todt.
ich wil entrawn vechten umb mein selbs künigreich.
ich erlaube mirs selber‹ sprach Wolff Diettrich.

›Nun schweig!‹, sprach der Junge. ›Denn wenn ich dich in Bedrängnis sehe,
wollte ich, bevor ich zuließe, daß du stirbst, lieber tot neben dir liegen!

Ich will und werde, meinertreu!, selber um mein Königreich fechten!
Die Erlaubnis gebe ich mir selbst!‹, sprach Wolf Dietrich.
(316,1–4)

Das Abenteuer, in dem ein Reich und eine Frau erworben werden, kann beginnen. Mobilmachung, nach zwölf Wochen Abmarsch und Kriegsbeginn. Die Mutter empfiehlt ihre ältesten Söhne der Schonung durch Wolf Dietrich, küßt ihn zum Abschied und befiehlt ihn Gott. In der selben Abschiedsstrophe zum Schluß noch zwei sonderbare Verse, über die die *Wolf Dietrich*-Philologie gerätselt hat und die auch uns rätselhaft sind: *vil laute rüefte der junkherre ›raumet das loch. / was tuot ir talang darinne? sorget ir ewrer muoter noch?‹* (327,3-4)[18] Wir haben uns für eine Übersetzung, die wir uns zu veröffentlichen trauen, entschieden: Laut brüllte der junge Herr: ›Kommt aus dem Loch! Was macht ihr den ganzen Tag da drinnen? Sorgt ihr euch noch um eure Mutter?‹ Ist das der Moment der endgültigen Ablösung von der Mama? Ist das die erzählte Reaktion auf die nicht erzählte Vorstellung von einer für den Jungen peinlichen Situation, in der ihn drinnen die Mutter küßt und segnet, während draußen das Heer angetreten ist, als sein burschikoses Verhalten? Ist das ein soldatesker Ton der Frage, die noch obszöner ist als man ohnehin schon lesen kann, etwa: Besorgt ihrs eurer Mutter noch?[19] Die mittelhochdeutschen Wörterbücher und die Mehrzahl der neuhochdeutschen geben eine solche Bedeutung nicht her. Aber das heißt unter dem Aspekt der Tabusprache nicht viel.[20] Als Kontext unklar bleibt: Wo ruft der junge Herr, wohin ruft

[18] Im Dresdner Heldenbuch ist eine *Wolf Dietrich A*-Version nach- und umgedichtet: *Puntung mit eym getrange raumet er das loch / Wolffdieterich ist so lange Saugt er sein muter noch* (k fol. 60v; redet der Erzähler und heißt das: Puntung [= Berchtung], mit einem Heerhaufen räumt er die Unterkunft – Wolf Dietrich fehlt noch; saugt er seine Mutter noch? Oder redet Berchtung, wie Kofler ediert: *Puntung, mit eym gedrange: ›raúmet er das loch? / Wolffdieterich ist so lange! Saugt er sein muter noch?‹* (k 116,3–4, *Das Dresdener Heldenbuch und die Bruchstücke des Berlin-Wolfenbütteler Heldenbuchs*, Edition und Digitalfaksimile, herausgegeben von Walter Kofler, Stuttgart (S. Hirzel) 2006). Der frühere Herausgeber Amelung (sieh Anm. 4) nimmt das Dresdner Heldenbuch zur Anregung umzudichten: *vil lûte rief der alte ›junchhêrre, rûmt daz loch. / waz tuot ir tâlanc drinne? Sûgt ir iuwer muoter noch?‹*

[19] In jedem Fall hätten wir eine Motivparallele (von vielen) zum *Otnit*, hier: die Mutter-Inzest-Phantasie. Vgl. Uta Störmer-Caysa, *Ortnits Mutter, die Drachen und der Zwerg*, in: Zeitschrift für deutsches Altertum und deutsche Literatur 128 (1999), S. 282–308; und: Dietmar Peschel, *Dreifacher Salto ödipale: König Ortnit und seine Väter*, in: ders., *Beziehungsknoten*. Sieben Essays über Kindschaft und Liebschaft und Herrschaft in mittelalterlicher Literatur, Erlangen und Jena (Palm & Enke) 2007, S. 158–194.

[20] Vergeblich geschaut habe ich in: Benecke/Müller/Zarncke; Lexer; Henry Kratz, *Über den Wortschatz der Erotik im Spätmittelhochdeutschen und Frühneuhochdeutschen*, Diss. masch., 2 Bde. (The Ohio State University) 1949; Josef Schatz, *Sprache und Wortschatz der*

er, wen meint er, wer solls hören? Es wäre auch ein unteroffizierartiger Ruf des alten Berchtung, der als erzählte Figur im Satz nicht vorkommt, denkbar, an den jungen Herrn gerichtet. Oder einer des jungen neuen Heerführers an die Truppe. Oder: Wolf Dietrichs aggressiver Ruf könnte rauflustig gegen die Brüder gerichtet sein à la Hoppla-ich-komme, gegen die Brüder, die sich gerade aller Sorge für die Mutter rücksichtslos entledigt hatten.[21] Eine anakoluthische Rede, in der die Satzposition des Rufers offenbliebe, kann ich nicht auflösen. Wie immer: mit diesem Schrei ist Wolf Dietrichs Jugend zuende – jetzt ist er Krieger.

Gedichte Oswalds von Wolkenstein, Wien und Leipzig (Hölder-Pichler-Tempsky) 1930 [Akademie der Wissenschaften in Wien, philosophisch-historische Klasse, Denkschriften, 69. Band, 2. Abhandlung]; Gaby Herchert, *Acker mir mein bestes Feld.* Untersuchungen zu erotischen Liederbuchliedern des späten Mittelalters, mit Wörterbuch und Textsammlung, Münster/New York (Waxmann) 1996; Edmund Wiessner, *Der Wortschatz von Heinrich Wittenwilers ›Ring‹*, herausgegeben von Bruno Boesch, Bern (Francke) 1970; Grimm (vgl. Anm. 3); Gerhard Wahrig, *Deutsches Wörterbuch*, Gütersloh (Bertelsmann) 1970; Friedrich Kluge / Elmar Seebold, *Etymologisches Wörterbuch der deutschen Sprache*, Berlin/New York (de Gruyter) 1989; Ernest Bornemann, *Sex im Volksmund.* Der obszöne Wortschatz der Deutschen, Hamburg (Rowohlt) 1971; Günther Hunold, *Lexikon des pornographischen Wortschatzes*, Wissenschaftliches Grundlagenmaterial: Institut für Sexualwissenschaft München, Hamburg (Wilhelm Heyne) 1972; Hans-Martin Gauger, *Das Feuchte & das Schmutzige.* Kleine Linguistik der vulgären Sprache, München (C. H. Beck) 2012. Die Bedeutung ›salopp; *jmdn. geschlechtlich befriedigen*‹ fand ich in: Duden. *Deutsches Universalwörterbuch*, Mannheim/Leipzig/Wien/Zürich (Dudenverlag) 2001 unter dem Stichwort ›besorgen‹.

[21] Einfall von Helmbrecht Breinig, nachdem er den Vortrag gelesen hatte.

Edition. Zu Wolframs *Titurel*[1]

Bücher werden gemacht und dann müssen sie unter die Leute gebracht werden, müssen den Lesern gegeben werden, müssen ausgegeben werden, das war schon immer so. Lateinisch *ēdere* ist wörtlich ›ausgeben, herausgeben‹ (*ex* und *dare*). Davon *ēditio*, als deutsches Fremdwort: Edition. So einfach ist das. Hier könnte die Vorlesung aus sein. Dummerweise verwenden die Menschen, die das Wort überhaupt verwenden, Edition so nicht. Und wenn Sie genau nachdenken, dann Sie auch nicht. Denn die Hauptbedeutung ist schon seit langem übergegangen von der Markttechnik der Ausgabe zu dem Inhalt des Sätzchens, das ich als allererstes an seine prominente Stelle gesetzt habe, wo es besonders leicht zu übersehen ist: Bücher werden gemacht. Diese Vorstellung ›Bücher werden gemacht‹ und ›Wie Bücher gemacht werden‹ steckt in jeder Verwendung von Ausgabe oder Edition.

Eine Edition kann man und muß man verwenden, wirklich verstehen kann man sie nur, wenn man sie selber gemacht hat, allenfalls, wenn man sie in jedem Detail nachvollzieht. Mit solcher Nachstellung habe ich mich das letzte dreiviertel Jahr beschäftigt. Eigentlich nur, weil ich überprüfen wollte: Was genau muß ich an meiner Übersetzung bedenken, was genau habe ich da für einen Text vor mir, von dem ich denke, er sei mir nicht recht übersetzt.[2] Ein deutschsprachiger Text von bald nach 1200 ist heutzutage nicht einfach so zu verstehen. Ich möchte Ihnen die Probleme von Edition und Edieren aus eigner Erfahrung an einem für mich aktuellen Beispiel erzählen, nicht weil ich

[1] Zuerst vorgetragen in der Ringvorlesung »Einführung in die Literaturwissenschaft«, Sommersemester 2012.

[2] Wolfram von Eschenbach, *Strophen, genannt Titurel*, aus dem Neuhochdeutschen zu verstehen versucht von Dietmar Peschel (2011/12). Vgl. Wolfram von Eschenbach, *Titurel*, herausgegeben, übersetzt und mit einem Kommentar und Materialien versehen von Helmut Brackert und Stephan Fuchs-Jolie, Berlin/New York (Walter de Gruyter) 2002; Wolfram von Eschenbach, *Titurel*, herausgegeben, übersetzt und mit einem Stellenkommentar sowie einer Einführung versehen von Helmut Brackert und Stephan Fuchs-Jolie, Berlin/New York (Walter de Gruyter) 2003 [Studienausgabe]. Wolfram von Eschenbach, *Titurel*. Mit der gesamten Parallelüberlieferung des ›Jüngeren Titurel‹, kritisch herausgegeben, übersetzt und kommentiert von Joachim Bumke und Joachim Heinzle, Tübingen (Max Niemeyer) 2006.

die Illusion hätte, nach dieser dreiviertel Stunde wüßten Sie, wie Edition geht oder hätten sich daraus auch nur irgendwas Brauchbares merken können, sondern weil ich Sie anregen möchte, beim Umgang mit einem Text, vor allem beim wissenschaftlichen Umgang mit einem Text äußerste Vorsicht und Umsicht walten zu lassen. Ich erzähle Ihnen von meinem Umgang mit einem Werk Wolframs von Eschenbach, wahrscheinlich seinem letzten, entstanden vermutlich zum Ende des zweiten Jahrzehnts des dreizehnten Jahrhunderts, also gegen 1220. Es ist eine Geschichte, geverst und gestropht, erzählt, gelesen, vorgelesen, vorgesungen, eine Liebesgeschichte, Todesgeschichte, Gralsgeschichte, ritterkritisch, zeitkritisch, literaturkritisch, sprachkritisch, rücksichtslos und einfallsreich in der Hand- oder Mundhabung der deutschen Sprache, in einer der vielen deutschen Sprachen der Zeit, die über dreihundert Jahre, dreihundert Jahre!, gepflegt und weitergegeben wurde, wahrscheinlich so selbstverständlich als Wolframs verehrenswertes Werk, daß an keinem der Überlieferungsstücke sein Namensetikett mitüberliefert worden wäre. Ich will Ihnen zeigen, worauf eine Edition beruht, die Sie als Buch kaufen können, als Studienausgabe sogar preiswert.

Handschriften, vor der Erfindung des Papiers Pergamenthandschriften – kein mittelalterliches Buch ohne den Tod einer ganzen Herde von Tieren, mit Hand und Feder und Tinte geschrieben, Wolframs Strophen sind im Mittelalter, mit Ausnahme einer Einarbeitung in einen andern Text, über die ich noch rede, nie auf Papier oder in den Druck gekommen. Von Wolfram selbst ist, wie von fast allen mittelalterlichen Autoren, kein eigenhändiger Buchstabe erhalten, es gibt nur Abschriften oder abschreibende Anverwandlungen von Abschriften oder abschreibenden Anverwandlungen. Über die Zahl der Abschreibestufen machen sich Editoren zum Beispiel Gedanken. Hier also die älteste uns überlieferte Niederschrift von Wolframs Geschichte von Sigune und Schoynatulander von der Mitte des dreizehnten Jahrhunderts. Da war Wolfram wohl schon ein paar Jahrzehnte tot.

Sie sehen die erste Seite aus der *Titurel*-Partie einer Handschrift, die mit der Sigle G benannt wird, sie wird in der Staatsbibliothek in München aufbewahrt; die Signatur dort, mit der man sie auch benennen kann, ist cgm 19, codex germanicus monacensis, deutschsprachiger Codex aus München Nummer 19.[3] Nehmen Sie zuerst einfach das Blatt wahr, zum Lesen nehmen Sie

[3] Statt der PowerPointPräsentation zur Vorlesung benutzen Sie die angegebnen Ausgaben und Digitalisate: Die Abbildungen (Handschriften A, M, H) zum *Titurel* sind zu sehen in: *Münchener Wolfram-Handschrift* (Bayerische Staatsbibliothek, Cgm 19) *mit der Parallelüberlieferung zum Titurel.* Parzival, Titurel, Tagelieder, herausgegeben vom Parzival-Projekt Bern. Digitalfaksimile, CD-ROM mit einem Begleitheft. Konzept und Einführung von Michael Stolz, Simbach/Inn (Verlag Müller + Schindler) 2008.

sich einen vergrößerten Ausschnitt. Drei Spalten, der Strophentext fortlaufend geschrieben, also am rechten Spaltenrand umgebrochen, jede Strophe mit einer neuen Zeile beginnend. In allen Editionen finden Sie den Text umgeformt in die an den Reimen zu verstehende Strophenform, nur bei Bumke/Heinzle ist die Strophe, jede Strophe, zusätzlich so abgedruckt, wie sie in der Handschrift steht, allerdings transkribiert in lateinische Druckbuchstaben. Links oben sehen Sie eine rechteckige Lücke, dort hätte eine schöne, vermutlich farbige Initiale von sieben Zeilen Höhe hinkommen sollen, was wohl aus Spargründen (Farben und Illuminatoren sind teuer) unterblieben ist. Das ist die linke obere Ecke der linken Spalte von folio 71ra, also Blatt 71 der Gesamthandschrift, rechte, also vordere Seite, erste Spalte = Spalte a. Ich lese Ihnen die (transkribierte) erste Strophe zum Mitbuchstabieren langsam vor (G 1 = B/F-J 1):

> do sich der starche | titvrel mohte | gerŏren·| er getorste wol | sich selben vn̄ die | sine in sturme | gefŏren·| sit sprach er in alter ich lerne·| daz ich schaft mŏz lazzen·| des phlach ih schone vn̄ gerne[4]

Nach dem, kleingeschriebnen, Namen »Titurel« für eine Nebenfigur, mit *u* wie im Lateinischen = *v*, in der zweiten Zeile, wird der Text, wie in mittelalterlichen Inhaltsverzeichnissen häufig, *Titurel* genannt. Moderne Interpunktion gibt es in mittelalterlichen Handschriften nicht, die meisten Handschriften sind ganz ohne den Versuch auch einer zeitgenössischen Interpungierung; die Punkte nach den Reimen, fast immer gesetzt, bezeichnen das Versende, den Reim – Reimpunkte. Das dritte Wort in der fünften Zeile heißt *unt*, geschrieben *v* + *n* + Strich über dem *n*, eine Abkürzung, eine Schreibmode. Lateinische Handschriften wimmeln von Abkürzungen. Alle mittelalterlichen Schreiber haben an meist heiligen lateinischen Texten Schreiben gelernt. Sagt man. Ich erzähle Ihnen weder hier noch später alles, was ich zu den Texten zu sagen wüßte, könnten Sie sich eh nicht merken, versuche aber, Ihnen einen Gesamteindruck zu vermitteln. Und, bevor ichs vergesse: Alle Spezialphänomene, die Sie hier hören, gelten cum grano salis für alle Texte, auch der Neuzeit, ja, für alle Artefakte aus jeder Zeit, ja für das Verstehen der Welt, in der Sie sich bewegen, überhaupt, denn Ihr Gehirn macht sich immerzu eine Edition von allem, was Ihr Körper wahrnimmt. Oder eine Übersetzung oder eine Interpretation. Edition, Translation, Interpretation heißen die mindest drei Seiten der Medaille, die wir Verstehen nennen. Die Handschrift G hat 164 Strophen und ist die Grundlage jeder *Titurel*-Edition.

[4] Die senkrechten Striche in der Strophe zeigen die handschriftlichen Zeilenumbrüche.

Die nächste Handschrift, die *Titurel*-Strophen überliefert, liegt ebenfalls in München, in der Universitätsbibliothek, und trägt daher die Sigle M. Sie stammt von der Wende des 13. zum 14. Jahrhundert. Aus welchem Grund auch immer, sie wurde nicht für aufhebenswert geachtet und daher einem Buchbinder zur Pflege eines andern Buchs überlassen. Der hat ein halbes Pergamentblatt zum Bekleben und Verstärken eines Buchinnendeckels einer lateinischen Sammelhandschrift aus Papier verwendet und andere Blätter in Streifen geschnitten, mit denen er vielleicht Buchrücken verstärken wollte. Oder sie einem Orgelbauer geben, der damit Orgelpfeifen abdichten wollte. Wenn eine Bibliothek solche makulierte Texte entdeckt, werden sie aus dem jeweiligen Buch (oder der Orgel) herausgelöst, restauriert, identifiziert und, wo möglich, zugeordnet. An diesen Fragmenten M hat man die Geschwisterschaft zur Handschrift G alsbald erkannt und die Strophen nach der G-Zählung bestimmen können; fünf Strophen sind in dieser und einer weiteren Geschwisterhandschrift nicht überliefert (sind ja auch keine Zwillinge oder Drillinge). Die fotographische Vorlage des ersten Bilds, das Sie sehen, berücksichtigt die Zusammengehörigkeit dieser Streifen und den fehlenden zweiten Streifen von links. Auf der Rückseite des ehemaligen Blatts geht der Text weiter, dort fehlt der Streifen also weiter rechts. Die beiden Außenstreifen des Blatts (oder halben Blatts, senkrecht halbiert) fehlen ebenfalls, was vor allem für die Vers-Enden auf der ersten recto-Seite dumm ist. Links sehen wir noch in etwa die Zeilenanfänge mit den Initialenresten.

Wenn Sie in die Ausgaben, Editionen, schauen, da finden Sie die identifizierten Strophen so abgedruckt: Mit Buchstaben das, was zu lesen ist (Unsicherheiten natürlich markiert), mit drei Pünktchen, daß etwas fehlt. Ähnlich in der Ausgabe von Bumke/Heinzle. Sie sehen: Selbst in der Transkription (die zweiten vier Zeilen von oben, wo rechts außen *fol. 1r* steht) sind die ersten drei Zeilen als Block nach links gerückt, obwohl doch links eine Lücke ist, in der Rekonstruktion darüber ist der Text nach der mittelhochdeutschen Grammatik normalisiert (also in ein rekonstruiertes Normalmittelhochdeutsch verwandelt, das es weder als Sprech- noch als Schreibsprache in einem orthographischen Sinne je gegeben hat). Was mir nötig schien, war der Versuch zu rekonstruieren, was im Vergleich der überlieferten Pergamentteile im Verhältnis zum möglichen Text denn überhaupt in die anzunehmenden Lücken passen könnte. Dabei habe ich farblich unterschieden: Blau die Ergänzungen, die kaum anders sein können, violett die Buchstaben, Wörter und Wortteile, die denkbar sind, aber nicht im geringsten überliefert. Denkbar heißt: In Abhängigkeit vom vergleichbaren Text in andern Handschriften und in Abhängigkeit von der Zahl der Buchstaben, wenn man sich die Lücke im selben Rhythmus gefüllt vorstellt wie in den überlieferten Partien. Natürlich geht's nicht um irgendwelche Wörter, sondern um solche, die inhaltlich und grammatisch zu passen scheinen. Oft ist eine Entscheidung nicht möglich, zum Beispiel, ob in die Lücke *vrowe* oder *maget* gehört, die etwa gleich lang sind. Dann muß die Lücke bleiben, denn es ist schon interessant, ob der Adaptor den Text auf Edeldamenhaftigkeit oder Jungfräulichkeit hin stilisiert. Beim Probieren, ob ein Wort oder Ausdruck passen könnte, gilt es zu sehen, wie in den andern Überlieferungsresten geschrieben wird. Etwa: *k* oder *ch* (ein oder zwei Schreibzeichen). Zu bedenken ist auch, wie die Pergamentstreifen verbogen und verzogen und verkrüppelt sind, es handelt sich schließlich um Tierhäute, die in ihrem materialen Zusammenhang zerstört sind.

Ein zweites Blatt, das in Streifen geschnitten wurde, von dem ebenfalls einige fehlen, ist genauso gut zu lesen wie das erste, bedarf auch der Rekonstruktion. Ein drittes Blatt ist in Gänze erhalten, fast unversehrt lesbar, aber nur auf der recto-Seite, denn die verso-Seite klebte auf dem hinteren inneren Codexdeckel. Aber die beschädigte Seite plus dem Abklatsch auf dem Deckel (als spiegelbildliches Foto entwickelt) sind schon einigermaßen zu entziffern. Von diesem Blatt wissen wir die Abmessungen des Schriftspiegels, können also gut fehlende Streifen an allen Seiten ergänzen. Ich habe nicht, wie moderne Archäologen, Computerprogramme zur Verfügung, die zusammenpuzzeln können, was zusammengehört, die nach allen Seiten dehnen, strecken, ausbügeln können und die die individuellen schreibergewohnheitlichen Buchstabenweiten und Spatien zwischen den Buchstaben berücksichtigen. Ich konnte nur einen Versuch mit normalem Word machen. Aber, indem ich die Blattgröße berücksichtigt habe und Zeile für Zeile geschaut, welcher Buchstabe über und unter welchem genau steht, ergab sich doch ein brauchbar durchschnittliches Gesamtbild der überlieferten 46 Strophen. Die in der Brackert/Fuchs-Jolieschen Zählung die Strophen 31 bis 45, 76 bis 90 und 105 bis 119 ausmachen. Die fünf gegenüber den Handschriften G und H nur hier überlieferten Strophen sind bei Brackert/Fuchs-Jolie in den Erzählzusammenhang eingeordnet unter den Nummern 81, 82, 83, 84, 87.

Die dritte und jüngste Handschrift, die (ohne Namen- und Titelnennung) Wolframs *Titurel* in einer wieder ehrfürchtigen und dezent veränderten Form enthält, ist das Ambraser Heldenbuch, eine der wichtigsten Handschriften für die Literatur des deutschsprachigen Mittelalters, allein, weil von 25 Texten, die da aufgeschrieben wurden, 15 unikal sind. Der *Titurel* ist der vorletzte des Codex. Das Buch wurde Anfang des 16. Jahrhunderts von Kaiser Maximilian I. geordert. Es kommt aus dem Maximilianschloß Ambras, liegt heute in der Österreichischen Nationalbibliothek in Wien und trägt die Sigle H. Sie sehen wieder: Die Seite ist dreispaltig, die Verse der Strophen sind in der Spalte umgebrochen, die Strophen beginnen immer neu links in der Spalte mit einer

Lombarde, einem Großbuchstaben, abwechselnd rot und blau. Die erste Strophe beginnt mit einer Initiale auf Goldgrund. Ich lese sie Ihnen wieder vor, zum Mitlesen (H 1 = B/F-J 1 [Bl. 234ra]):

> Do sich der starche | Tytorel nicht ge=|rűeren· da getorst | er wol sich selben | mit die seine in | sturme gefűeren· seyt sprach Er im | alter ich lernne· daz ich den Schilt | mues lassen des phlag ich ettwen | schone vnd gerne·

Wenn Sie so eine Schrift sehen, verstehen Sie vielleicht den Ausdruck ›sieht aus wie gedruckt‹ besser. Der Buchdruck wurde im Abendland Mitte des fünfzehnten Jahrhunderts erfunden. Sie sehen die Vorzeichnung der Schreibzeilen durch Linierung des Pergaments mit einem spitzrundköpfigen Silbergriffel und Füllung der Linienvertiefungen mit roter Farbe (rubrum) – daher die Rubrik. Immer noch keine Interpunktion, sondern nur erhöhter Punkt, Reimpunkt. Keine geregelte Großschreibung. Wir wissen, wie der Mensch hieß, der den Schreibauftrag hatte, ein Dutzend Jahre lang: Hans Ried, im Frühjahr 1516 ist er gestorben, seine Schreibarbeit hat er fertiggekriegt. Dieser *Titurel* geht in 68 Strophen die selbe Strophenstrecke wie die Handschrift G, beginnend bei der Entsprechung zu G 1. Auch diese Handschrift hat Strophen, die in G nicht überliefert sind, sechs an der Zahl; in der Edition von Brakkert/Fuchs-Jolie sind sie als Nummern 30, 31, 33, 34, 36, 53 in den Zusammenhang geordnet (bis auf Strophe 30 sind sie jedoch in M erhalten).

Nun muß ich Ihnen noch von einem ganz merkwürdigen Stück Literatur erzählen. Es ist ein Gralroman, ein Super-Gralroman, in Strophenform, der Form der bisher betrachteten Strophen sehr ähnlich, der im letzten Viertel des dreizehnten Jahrhunderts entstand und so berühmt wurde, daß er in bald fünf Dutzend Handschriften, Handschriftentrümmern und einer gedruckten Fassung von 1477 erhalten ist. Er galt bis zum Anfang des neunzehnten Jahrhunderts für Wolframs Ausführung dessen, was er in den bisher gezeigten Fragmenten skizziert hatte, und für sein bedeutendstes Werk. Seit der Wolframausgabe von Karl Lachmann (1833) mit dem Gesamtwerk Wolframs: *Lieder*, *Parzival*, *Willehalm*, *Titurel*, unterscheidet die Philologie die beschriebene Strophenüberlieferung als ›älteren Titurel‹, den Super-Gralroman mit seinen etwa 6.300 Strophen (!), mit der Geschichte des Grals, der Geschichte des Gralskönigs Titurel, der Liebes- und Todesgeschichte des Paars Sigune und Schionatulander, der Geschichte Parzivals und der Geschichte der Überführung des Grals nach Indien in Priester Johanns Land, diesen Riesenroman nach französischem Riesenromanmuster als ›jüngeren Titurel‹. Der Autor dieses *Jüngeren Titurel* nennt sich in seinem Text nach dem Vorbild Wolframs in seinem *Parzival* und seinem *Willehalm* »Wolfram von Eschenbach« und nur ganz versteckt, in einem zweiseitigen Heidelberger Fragment (Universitätsbibliothek, Heidelberger Hs. 1332), dem heute so genannten Verfasserfragment, aus der Zeit bald nach der Entstehung des *Jüngeren Titurel* stammend, erklärt der Autor seine Verehrung für Wolfram und daß er selber Albrecht hieße. Mehr wissen wir nicht über ihn, höchstens noch, daß diese Erklärung bis ins neunzehnte Jahrhundert kein Mensch gelesen hat. Hier die älteste Handschrift des *Jüngeren Titurel.* Zweispaltig, etwa in der Mitte der linken Spalte, als Strophe 500, sehen Sie die Strophe, mit der der *Ältere Titurel* beginnt. Denn das ist das Erstaunliche und Merkwürdige: Der Wolframverehrer und *Titurel*-Ausführer hat alle in G, M und H überlieferten Strophen in seinen Roman eingebaut, alle. So daß die Philologie durchaus überlegt hat, ob nicht noch mehr Strophen aus dem *Älteren Titurel* in Albrechts Text gewirkt sein könnten. Heute will man das nicht mehr glauben oder weiß zumindest, daß ein Beweis dafür nicht möglich ist. Insgesamt kann man sagen: Was bei Wolfram sprachlich präzise Undurchsichtigkeit ist, ist bei Albrecht tendenziell eine schwiemelige Verblasenheit, moralisch, didaktisch, ideologisch, pseudomystisch, schwer auszuhalten. Die Leute damals fandens toll, ob sies wirklich gelesen haben, weiß ich nicht. Immerhin gilt für sicher, daß jemand Wolfram-Strophen in mindest einer der überlieferten Fassungen des *Jüngeren Titurel,* die von einer Vorlage stammen, die nicht mit einer der drei bekannten Wolframfassungen identisch ist, anhand einer weiteren Fassung, die uns nicht überliefert ist, korrigiert hat. Jetzt schauen Sie sich die in diese Wiener Handschrift übernommene erste Wolframstrophe an. Ich lese sie Ihnen wieder zum Mitlesen vor (JT 500 = B/F-J 1, G 1, H 1)[5]:

> Do tyturel der ſtarke · ſich moht hie | vor gervͤren · vz forchtlichem parke getor=|ſte er wol di ſine in ſturme gefurē ·| ſint ſprach er in alter ich nv lerne| vnſanft daz ich dē ſchilt mvz lazen ~~des~~ | des pflac ich etwenne schon vnd gerne ·

Sie sehen wieder die Reimpunkte. Den ersten schon nach dem Wort *starke* der ersten Verszeile. Gegen Ende der zweiten Schreibzeile sehen Sie, daß das vergessene Wort *parke* über der Zeile nachgetragen ist. Es ist ein Reimwort auf *starke.* Das ist das Besondere der Albrechtschen Strophenform gegenüber der Wolframschen: sie hat in Verszeile 1 und 2 eine deutlich erkennbare Zäsur mit Zäsurreim. Fast immer. Dagegen kein Zäsurreim im *Älteren Titurel,* jedenfalls nie in G und so gut wie nie in M und H. Für diesen Zäsurreim, als

[5] Das Digitalisat der Wiener Handschrift cod. 2675 ist erreichbar über Internet → Handschriftencensus → Gesamtverzeichnis Autoren/Werke → Albrecht ›Jüngerer Titurel‹ → Wien Österr. Nat. Bibl. cod. 2675 → Abbildung → Codex. Haben Sie die Handschrift auf dem Bildschirm, gehen Sie links im Fenster auf Scan 37 und Sie erhalten fol. 16ra.

Dichtmuster Albrechts, mußten die eingearbeiteten Wolframstrophen entsprechend umgebaut werden. Während der Rest der Strophen meist gut wiederzuerkennen ist. Schreibtechnisch auffällig ist noch: in der zweiten Zeile der Handschrift ist das Diakritikum über dem *v* von *gervͤren* wie zwei liegende *ü*-Striche geschrieben, die Feder beim Schreiben der beiden nicht abgesetzt, so daß ein Verbindungsstrich entsteht und das Ganze wie ein schwungvolles z aussieht; die Reimentsprechung *gefurē* in der dritten Zeile hat gar kein Diakritikum über dem *u* [!]; in der vierten Zeile gegen Ende ist ein *nv*, in der fünften ein *den*, *d* + *e* mit Nasalstrich überm *e*, nachgetragen und in der selben Zeile am Ende ist ein ~~*des*~~ gestrichen (vielleicht ist der Schreiber nach dem *des* zum Pinkeln gegangen und hat sich gemerkt »weiter bei *des*« und hat deshalb *des* ein zweites Mal geschrieben, Dittographie; als er's bemerkt hat, hat er das überzählige *des* am Zeilenende gestrichen).

Jetzt also können Sie sich das Material für eine Edition vorstellen. Nun gilt es, die überlieferten Texte miteinander zu vergleichen. Wie frühere Editoren vor der Computerzeit das im Kopf oder auf Papier gemacht haben, ist mir schleierhaft. Jedenfalls liegt es nicht am fehlenden Computer, wenn ich heute manchmal mit ihren Ergebnissen nicht einverstanden bin. Sondern es liegt daran, daß ich ein eigner Kopf bin. So wie Sie eigne Köpfe sind und weiter werden wollen. Ich vergleiche die Zeilen, die Sie aus dem Bisherigen am besten kennen, die erste Strophe, auch wenn die in der Handschrift M nicht überliefert ist. Die ist in G und H überliefert und bei Albrecht. G und H gibts nur einmal, von Albrecht habe ich, wie die heute üblicherweise benutzte Edition des *Jüngeren Titurel* sie als Grundlage verwendet, die Wiener Handschrift mit der Sigle A, die Sie vorhin gesehen haben, ausgewählt. Selbstverständlich könnte man sämtliche Varianten eingearbeiteter Wolframstrophen in den mehreren Fassungen des *Jüngeren Titurel*, die in den knapp fünf Dutzend Textträgern erhalten sind, jeweils als eignes Werk eines Albrecht-, implizit aber Wolframrezipienten lesen. Ich habe die Texte als Verse gemäß der Strophenform und darüber hinaus chronologisch geordnet. Die Chronologie gibt keinen Hinweis auf Wolframnähe oder -ferne, außer bei Albrecht, weil wir bei H nicht wissen, von wann und von wem Rieds Vorlage stammt. Aus meiner vielleicht ein bißchen geübten Kenntnis von Ried meine ich sagen zu können, daß seine Vorlage wahrscheinlich schon eine Übersetzung ins Frühneuhochdeutsche war, also nicht er einen mittelhochdeutschen Text in grammatisches Neuhochdeutsch verwandelt hat (was etwa an circa zwanzig schwer erklärbaren Genitiven gegenüber mittelhochdeutschen Nominativen zu sehen ist). Mit diesem Übersetzer hätten wir einen siebten Wolframrezipienten neben G, M, Ried, Albrecht, Albrechts Vorlage,

Albrechts Korrektor. Ich habe die entsprechenden Verse so untereinandergesetzt und auseinandergezogen, daß die gleichen Stichwörter oder Verspartien als Säulen übereinander stehen.

Die graphischen Varianten lasse ich hier beiseite. Obwohl die dem Handschriftenkundler natürlich auch Hinweise auf den Wanderweg von Handschriften und Vorlagen geben könnten. G und H beginnen beide *Do sich der starke Titurel*, JT stellt um *Do Titurel der starke sich*, weil das Wort *starke* im Metrum des Verses an der Zäsurstelle als Reimwort stehen muß; entsprechend muß auch der zweite Vers klingen: *da dá (da) dá da parke* – obwohl's als deutsche Sprache knirscht und quietscht (irgendsowas wie: ›aus furchtlichem‹ = vielleicht ›antifurchtigem‹ ›Bergen, Geborgensein‹??), das Wort *park* ist mir schwer aufzulösen. Tät zu Wolfram passen. Die Reime stimmen in allen vier Versen genau überein, weitestgehend die Abverse überhaupt (Anvers heißt der Versteil vor der Zäsur, Abvers der nach der Zäsur – eine Melodie, wie sie diese Wiener JT-Handschrift zufällig und glücklich vor dem gesamten Albrecht-Text überliefert, wäre auch noch zu besprechen, was ich mir hier spare, und was Sie in der Edition von Brackert/Fuchs-Jolie nachlesen können). In Vers eins hat JT den Abvers mit dem Adverb *hie vor* aufgeblasen, H hat *nicht* statt *mohte* (G; JT: *moht*). *m-o-h-t* ist bei unsauberem Tintenauftrag ziemlich leicht als *n-i-c-h-t* zu verlesen (m als ni und o als c); und nicht einmal einfach als sinnloser Verschreiber, sondern vielleicht als in interpunktionsloser Syntax typisch mittelhochdeutsche sogenannte constructio apo koinou, Konstruktion ›vom Gemeinsamen‹, in der ein Satzelement sich gleichzeitig nach rückwärts und nach vorwärts bezieht. Ich erfinde ein neuhochdeutsches Beispiel: »Ich sitze gern im Kino eß ich immer Popcorn«. Hier: *Do sich der starche Tytorel nicht gerüeren da getorst* (als sich der starke Titurel nicht rühren da traute) und: *da getorst er wol sich selben mit die seine in sturme gefüeren* (da traute er wohl sich selber mit den Seinen im Sturm zu führen). Der Satz ist nur scheinbar unsinnig-widersprüchlich, er könnte besagen, daß Titurel sich in seinem Alter und Schmerz nicht mehr zu bewegen wagte, daß er sich das Draufgängertum des Anführers aber noch zutraute – ein großer Krieger, der nicht mehr kann. Wir haben eine Strophe vor uns und keine schlichte Erzählprosa. *sich selben unt die sine* in G gegen *sich selben mit die seine* in H steht sich mittelhochdeutsch wie frühneuhochdeutsch wohl nichts nach. Die drei dritten Verse sind fast identisch, bis auf die feinen dialektalen Varianten der einleitenden Zeitpartikel – JT hat ein *nu* eingeschoben, das nicht nur metrisches Aufblasmaterial ist, sondern den Gegensatz zu *hie vor* von Vers 1 betont. Den Gegensatz früher/heute betont auch das in Vers 4 von JT eingeschobene *unsanft*. Eine zusätzliche Zeitpartikel (die selbe: mittelhochdeutsch *etwenne*) haben JT wie H im Abvers von Vers 4. Gewichtig scheint mir, daß G in Vers 4 von Loslassen eines

Schafts spricht, den JT und H durch den Schild ersetzen. Lanze, häufig nur Schaft genannt, und Schild gibt sich als Teil der Ritterausrüstung vielleicht nichts nach. Der artikellose Schaft hat allerdings eine anzüglich-obszöne Dimension, die in JT und H vermieden ist. Anzügliche Reden und Witze sind für Wolfram von Eschenbach typisch und finden sich in seinen lyrischen wie erzählenden Werken andauernd. Es ist später in andern mittelhochdeutschen Texten allerdings das Wort *schilt* durchaus auch als Gegenstück zum männlichen Schaft oder Speer als Euphemismus für den Phallus überliefert: als Euphemismus für das weibliche Genitale.[6]

Gegen Ende meiner Vorlesungszeit möchte ich Ihnen noch zeigen, wie uns die kleinen Differenzen die erste Strophe bei den drei verschiedenen Bearbeitern (chronologisch gereiht) unterschiedlich verstehen lassen:

G 1
Do sich der starke Titurel mohte gerüeren,
er getorste wol sich selben unt die sine in sturme gefüeren.
sit sprach er in alter: ich lerne,
daz ich schaft muoz lazen. des phlac ih schone unt gerne.

Damals, als der starke Titurel mächtig war und sich rühren konnte,
traute er sich wohl, sich selber und die Seinen im Sturme zu führen.
Seither, im Alter, sprach er: »ich lerne,
daß ich den Schaft lassen muß. Schön und voll Begehren hab ich den gehandhabt!«

JT 500
Do Tyturel der starke sich moht hie vor gerüeren,
uz forchtlichem parke getorste er wol di sine in sturme gefüeren.
sint sprach er in alter: ich nu lerne
unsanft, daz ich den schilt muz lazen – des pflac ich etwenne schon und gerne.

Als Titurel, der starke, sich, vor dieser Zeit, vermochte zu rühren –
aus dem Schutzwall gegen die Furcht heraus wagte er wohl, die Seinen im Sturm zu führen.
Seither sprach er, im Alter: »Nun lerne ich,
unsanft, daß ich den Schild lassen muß. Den habe ich einmal schön und gern gehandhabt!«

[6] Vgl. Gaby Herchert, *Acker mir mein bestes Feld.* Untersuchungen zu erotischen Liederbuchliedern des späten Mittelalters, mit Wörterbuch und Textsammlung, Münster/New York (Waxmann) 1996, S. 208.

H 1

Do sich der starke Tytorel   nicht gerüeren
da getorst er wol sich selben   mit die seine in sturme gefüeren.
seit sprach er: im alter ich lerne,
daz ich den schilt muos lassen,   des phlag ich ettwen schone und gerne.

Als sich der starke Titurel nicht zu rühren
da getraute er sich wohl, sich selber mit den Seinen im Sturme zu führen.
Seither sprach er: »Im Alter lerne ich,
daß ich den Schild lassen muß. Den habe ich einmal schön und gern gehandhabt!«

Und nun ein Schlußwort: Sie haben in dieser dreiviertel Stunde von einem halben Dutzend kluger Menschen gehört, die gepflegt, ihren Bedürfnissen angepaßt, weitergegeben haben, was ein Wolfram von Eschenbach erfunden hat und wovon wir kein direktes Überbleibsel haben. Das muß unsere Vorstellung von einem genialen Dichter Wolfram nicht schmälern. Aber es zeigt, daß es Dichtung ohne Menschen, die sich damit fürsorglich beschäftigen, überhaupt nicht gibt. Die Suche nach einem wahren Wolframtext ist müßig. Wir haben nur, was andere daraus gemacht haben. Über achthundert Jahre – wenn wir von 1200 bis heute denken. Als genaue Beobachter dieser Rezeption reihen wir uns ein in diese Überlieferungsgeschichte.

Herstellen, was gewesen sein könnte, oder hinnehmen, was überliefert ist – Denkspiele zur Form einer Strophe aus Frauenlobs *Unser Frauen Leich*

Ich möchte mit Ihnen die metrisch-editorischen Probleme an der vierten Strophe von Frauenlobs *Unser Frauen Leich* diskutieren und beschreibe Ihnen daher, was ich in der Handschrift C und in der Edition von Stackmann/Bertau dazu beobachte[1]: *Unser Frauen Leich* (UFL) von Heinrich von Meißen, genannt Frauenlob (einmal urkundlich genannt: *ystrio dicto Vrowenlop*, 1299; im 14. Jhd. chronikalisch Tod und Grablegung für 1317 und 1318 in Mainz berichtet[2]), ist vollständig mit allen 20 Versikeln in den drei Handschriften C (Große Heidelberger Liederhandschrift, 1. Hälfte 14. Jhd., alemannisch), E (Hausbuch des Michael de Leone, abgeschlossen etwa 1345 bis 1350, Würzburger Kanzleisprache) und F (Weimarer Handschrift, erstes Viertel 15. Jhd., aus Nürnberg) überliefert – in allen dreien ohne Melodie. Mit einer Melodie überliefert den Leich t (Kolmarer Liederhandschrift, um 1470, rheinfränkisch); sie wird für zu eigenständig gehalten, um für eine Frauenlobedition brauchbar zu sein. Sie wird aber in der Göttinger Ausgabe (GA) stets verglichen. Als einigermaßen verläßlich und daher in der Göttinger Ausgabe als Leithandschrift für den Text verwendet bis einschließlich Strophe 13 gilt C. Mit den letzten drei Wörtern von Strophe 13 setzt W ein (Österreichische Nationalbibliothek, 14. Jhd., ostmitteldeutsch/schlesisch); ab Strophe 14 wird W als Leithandschrift der GA verwendet.[3]

[1] Frauenlob (Heinrich von Meissen), *Leichs, Lieder, Sangsprüche*, auf Grund der Vorarbeiten von Helmuth Thomas herausgegeben von Karl Stackmann und Karl Bertau, 1. Teil Einleitungen, Texte, 2. Teil Apparate, Erläuterungen, Göttingen (Vandenhoeck & Ruprecht) 1981 (= Göttinger Ausgabe, GA). Meine Beobachtungen habe ich zuerst vorgetragen im mediävistischen Oberseminar am 11. Dezember 2012. Manche Anregung aus der Diskussion habe ich in die Schriftfassung eingearbeitet.

[2] Vgl.: *Deutsche Lyrik des späten Mittelalters*, Text und Kommentar (und Übersetzung), herausgegeben von Burghart Wachinger (2006), Berlin (Deutscher Klassiker Verlag) 2010, hier S. 818f.

[3] Vgl. die Angaben zu den Handschriften in der Göttinger Ausgabe, hier: Band I, S. 31ff., S. 35f., S. 37ff., S. 120ff.

Transcription von UFL I, 4 nach cpg 848 (= Hs C, Große Heidelberger Liederhandschrift)[4], fol 399^{v}:

<table>
<tr><td></td><td>Nv lögen nicht dur icht · das dich ſund^{s}</td></tr>
<tr><td></td><td>wicht · d^{s} kv́ng inſinem kelt fůrte ·</td></tr>
<tr><td></td><td>dich růrte ſin grůſſen · wie nu vro magt ·</td></tr>
<tr><td>÷</td><td>habt ir u̇ch wol ver ſunnen · wir gunnē</td></tr>
<tr><td>wan ir den</td><td>der wunnē v́ch wol÷||v́ch sol den zol ſin</td></tr>
<tr><td>win hant</td><td>munt machen kunt · wa ir dur u̇wer hůter</td></tr>
<tr><td>getronken</td><td>kamen die u̇ch namē den mandel was ſu̇</td></tr>
<tr><td>mit d^{s} milch</td><td>kent ir maget ſo ſpate in den gaſſen kein</td></tr>
<tr><td>ſo ſv́ſen ·</td><td>laſſen wir waſſen du̇ lieb an u̇werẹn wun</td></tr>
<tr><td>Ich wene wol==</td><td>den dur ſunken hat der ſin teil ich den wā</td></tr>
<tr><td></td><td>/del ·</td></tr>
</table>

Die Einfügezeichen am einzufügenden Text und an der Einfügestelle sind beide rot, gleich groß, kreuzförmig, ähnlich, aber nicht identisch; entsprechend am Ende des einzufügenden Texts und der Weiterführung des Spaltentexts schwarzer horizontaler, beziehungsweise senkrechter Doppelstrich. Der verblaßte oder verwischte Buchstabe am Beginn der achten Zeile der Strophe ist ein *k*: *suokent* [= *suochent*]; wie er in die alemannische Handschrift kommt, ist mir nicht klar (vielleicht angeregt durch das *k* am Anfang der Zeile darüber?). Das handschriftliche *o* in *getronken* ist möglicherweise ungeschickte Verschreibung aus *v* (wenngleich das nichtdiakritisch variierte *u* meist als *u* und nicht als *v* geschrieben ist). Hier meine vorsichtige Normalisierung der Strophe, Auflösung in die Strophenform (der GA entsprechend), drei kleine Eingriffe in den Text und Interpungierung nach meinem Verständnis:

I, 4

Nu lougen nicht dur icht, das dich sunder wicht
der küng in sinem kel*r* füerte.
dich rüerte
sin grüessen.
wie nu, vro magt, habt ir iuch wol versunnen?
wir gunnen
der wunnen
iuch wol, wan ir den win hant getrunken
mit der milch so süesen.

[4] Vgl. die Internet-Version unter: http://digi.ub.uni-heidelberg.de/diglit/cpg848/0794.

Ich wene wol iuch sol den zol sin munt machen kunt,
w*ar* dur iuwer hüeter kamen,
die iuch namen
den mandel.
was suo*ch*ent ir, maget, so spate in den gassen?
kein lassen!
wir wassen.
diu lieb an iuwerẹn wunden dursunken,
hat der sin teil ich den wandel.

Ich übersetze:

Nun leugne nicht, um nichts, daß dich, ohne weiteres,
[Wir verleugnen nicht, …]
der König in seinem Keller herumführte.
Dich rührte
sein Grüßen.
Wie nun, Frau Maid, habt ihr euch gut besonnen?
Wir gönnen
die Wonnen
euch wohl, denn den Wein habt ihr getrunken
mit der Milch, der süßen.

Ich wähne wohl, euch soll den Zoll sein Mund machen kund –
wofür eure Hüter kamen,
die euch nahmen
den Umhang.
Was sucht ihr, Maid, so spät in den Gassen?
Kein Lassen!
Wir wachsen!
Die Lieb an euren Wunden durchsunken,
hat der sein Teil – ich die Folgen.

Im Einzelnen: Wir haben im dritten Teil der ersten Zeile einen unsauberen Reim (*dich-wicht*), oder gar keinen. Damit also keine genaue Parallele zur ersten Zeile des zweiten Teils, musikalisch gesprochen: des Repetitionsteils. Im Sinn gestört ist die Zeile nicht. Der Imperativ *lougen!* könnte auch die erste Person Plural meinen[5] und sich auf den Erzähler beziehen, der ja auch hinter einem singularen Imperativ verstanden werden muß, und der als Plural (›wir gönnen‹), vielleicht das Publikum einschließend, in Zeile 6 erscheint. In der

[5] Zu den sprachlichen Formen vgl. Hermann Paul, *Mittelhochdeutsche Grammatik*, 25. Auflage, neu bearbeitet von Thomas Klein, Hans-Joachim Solms und Klaus-Peter Wegera. Mit einer Syntax von Ingeborg Schröbler, neubearbeitet und erweitert von Heinz-Peter Prell, Tübingen (Niemeyer) 2007.

zweiten Zeile kann ich ein Wort *kelt* nicht identifizieren. Es könnte eine Verschreibung aus der Kurzform *kelr*[6] von *keller* sein. Daß der König in seinem Keller (Dativ) führte und nicht in seinen (Akkusativ), kann ein Schreibfehler sein, oder auch nicht. Auf das angefangne und nicht verbesserte Wort *kelter* kann man schon kommen als Schreiber, wenn man nicht nur den hiesigen Zusammenhang, sondern das Hohelied und seine Weinbildhaftigkeit kennt. *wan* als kausale Konjunktion in Zeile 8 finde ich nicht problematisch, wenn sie auch nach Ausweis der Wörterbücher nicht sehr häufig ist. Anspielungen auf die Liebeshymnik in den *cantica canticorum* sind nicht zu übersehen, wortwörtliche Zitation findet sich außer in Einzelwörtern und Wortverbindungen nicht. Vielmehr läßt der Autor, hier vielleicht auch der Schreiber, seinen Assoziationen aus seiner Kenntnis des Hohenlieds freien Lauf, womit nicht Beliebigkeit behauptet werden soll. Man sieht der Reimstruktur, wenn nicht gar der Strophenstruktur immer wieder an, daß syntaktische, bildliche, argumentative Strukturen ihr zuweilen rücksichtslos unterworfen sind. Ich frage mich, ob handschriftenschreiberische Auflösungen in der Strophenstruktur nicht zuweilen mehr sind als Unverständnis, nämlich, mindest unbewußter, Protest gegen Schwerverständlichkeit, manchmal auch alternative Lösung zu einer Unverstehbarkeit, die anderer, gar für besser oder wahrscheinlicher gehaltener Überlieferung nicht nachsteht. Nachdem wir im gesamten *Unser Frauen Leich* die wahrscheinliche Absicht erkennen, daß alle Versikel aus zwei gleichgebauten Teilen bestehen, gilt für alle zweiten Teile sämtlicher Versikel, was für alle zweiten Strophen nach einer ersten in aller strophischen Lyrik gilt: Ab der zweiten ist die Unbefangenheit eines Verhältnisses von Sinn und Form dahin, weil der Sinn in eine vorhandene Form gepaßt werden muß. Für welchen Teil das von Vor- oder Nachteil ist, wird sich schwer nachweisen lassen. Hier haben wir den Befund, daß Zeile eins gegenüber Zeile 10 gestört wirkt, wenn wir die Parallelüberlieferung der Handschriften (die keine isochronische ist) und wenn wir die mit Text unterlegten Melodieaufzeichnungen betrachten.

Im zweiten Teil der 4. Strophe beginnt ein Ich, das im ersten nicht verschweigen wollte oder zum Nichtverschweigen aufforderte, mit Vermutungen, begründeten Vermutungen, daß der Mund eines Er erklären werde, weshalb der Zoll gegeben werden mußte. Im Zusammenhang der Liebesgeschichte besteht auch der erotische Aspekt darin, daß das oberste Kleidungs-

[6] Matthias Lexer, *Mittelhochdeutsches Handwörterbuch*. Zugleich als Supplement und alphabetischer Index zum Mittelhochdeutschen Handwörterbuch von Benecke-Müller-Zarncke, 3 Bände, Stuttgart (S. Hirzel) 1979 [Reprographischer Nachdruck der Ausgabe Leipzig 1872, 1876, 1878]. Hier Band I, s. v. *keller*.

stück für die Begegnung abgelegt werden muß. In Zeile 11 sind als Zolleintreiber Hüter genannt, die als Hüter der vielleicht terrassierten, vielleicht mit Mauern geschützten Weinberge denkbar sind (Cant. 1,6 spricht eine Hüterin der Weinberge, Cant. 2,15 werden Ungenannte aufgefordert, Füchse aus den Weinbergen wegzufangen, Cant. 8,11 sind Salomos Weinberghüter genannt), aber auch als Wächter in der Stadt: Cant. 3,2f., Cant. 8,8ff. »unsere Schwester« als (Stadt)Mauer. Im größten Teil der übrigen handschriftlichen Überlieferung – das sei hier vorweggenommen – ist an dieser Stelle von Mauerhütern die Rede, die im *Hohenlied* vorkommen. Als sinnvoller Eingriff müßten in Zeile 11 die einleitenden Wörter *wa ir* zu *war* zusammengezogen werden und man hätte einen guten kausalen Anschluß an die Anfangszeile des zweiten Teils, den die GA auch herstellt und den Wachinger[7] übersetzt. Ein bißchen vorwurfartig und machohaft pauschal klingt die Frage des Erzähler-Ichs in Zeile 14, das schon seit Beginn der Strophe aufdecken, publikmachen, vielleicht das Publikum zum Voyeur machen will (»was sucht ihr, Maid, so spät in den Gassen?«). Editorisch zu bestätigen ist die verblaßte Graphie am Zeilenbeginn, die kaum etwas anderes als die Ergänzung zum Verb *suoch*e*nt* sein kann. Von hier bis zum Ende der Strophe könnte auch der Geliebte reden, er könnte mit der Frage in Zeile 14 die Erwartete begrüßen, vielleicht mit einem nächtlichen Nichterkennen trätzen. Er könnte mit den Zeilen 15, 16, 17 weiterreden, die Geliebte anreden, zu überreden versuchen. Die Zeilen können auch in Wechselrede zerlegt werden, man kann einen Dialog ohne Inquitformeln zwischen dem Geliebten und der erwarteten Geliebten lesen. Die letzte Verszeile (18) können wir als Kommentar des Erzählers verstehen über den Geliebten und über sich. Es könnte auch ein aside der Geliebten, eine Erklärung ans Publikum sein. Die nicht grad geschmeidige Syntax des Ausrufs *kein lassen* ist unbezweifelt überliefert; ich kann sie eher assoziativ im Kontext als präzise verstehen. Die Zeile 16 *wir wassen* ist so nur in C vorhanden. Freilich ist nicht auszuschließen, daß das *w-* eine unerklärbare Verschreibung aus *v-* ist, das die übrige Überlieferung hat. Ein *vassen* kann zum Satz mit der folgenden Zeile oder einem Teil von ihr verbunden werden. Dann kann es Rede des Erzähler-Ichs sein. Es kann als lectio difficilior auch wie der Ausruf des Vorhabens der Liebenden gelesen werden – *wassen* ist eine Nebenform zu *wachsen*, und daß es auch und zusätzlich aus Reimgründen in den

[7] Vgl. Burghart Wachinger (sieh Anm. 2), hier S. 367. Daß *ir dur* = *irdur* eine mundartliche oder individuelle Form mit der Bedeutung ›herdurch = hindurch‹ sei, kann ich nirgends nachweisen – es würde einen Eingriff erübrigen (sieh weiter unten zur Übersetzung von A. E. Kroeger).

Text gekommen ist, ist weder für Frauenlob noch sonst einen Poeten verächtlich, noch auch ungewöhnlich.[8] Wenn Zeile 15 und 16 Ausrufesätze sind, dann könnte die vorletzte Zeile 17 ein elliptischer, verb-loser Bedingungssatz für die letzte Zeile 18 sein (»Wenn die Lieb … durchsunken, hat der …«).

Die *wunden* bleiben so oder so schwer zu verstehen. Das vermutlich damals wie heute voreingenommene Publikum wird zuerst nach dem Muster des Berliner Kindergartenwitzes assoziieren: Auf die Frage, was man sich unter dem rotbraunen Tierchen mit den schwarzen Knopfaugen, den bebüschelten Spitzohren und dem langen buschigen Schwanz vorstellen solle, antwortet ein gewitztes Kind: An und für sich würd ick ja sachen, det is een Eichhörnchen, aba wie ick den Laden hier kenne, is det bestimmt wieda det liebe Jesulein. Im Zusammenhang von *Unser Frauen Leich* ist die Assoziation gewiß nicht falsch. Ich komme später noch einmal darauf. Mit dem Aspekt ›wer spricht?‹ ändern sich die Assoziationsmöglichkeiten. Der Satz kann auch vom Erzähler oder vom Geliebten zur Geliebten gesagt sein: Vgl. Cant. 5,7 … *percusserunt me vulneraverunt me tulerunt pallium meum mihi custodes murorum* (Sie schlugen mich, sie verwundeten mich, sie nahmen mir meinen Umhang, die Hüter der Mauern). Als Körperöffnungen können *wunden* eine erotische Konnotation haben, eine doppelte gar, denn unerotisch sind seit je auch die Wunden Christi nicht. Angestrengtheiten, wie intensiv geistig oder geistlich das Durchdringen mit dem Partizip *durchsunken* gemeint sei, sind nicht nötig. Wir können *durchsinken* (mit dem Akzent auf der Silbe *sink-*) wörtlich nehmen, haben halt zu akzeptieren, daß *durchsinken* einmal ein transitives starkes Verb war: ›ich durchsinke etwas‹. Das Grimmsche Wörterbuch Band 2 (1860 von Jacob Grimm) kennt das Wort noch, in der geologisch-bergmännischen Bedeutung ›durch eine Schicht dringen, eine Schicht durchbohren‹; der Artikel verzeichnet auch eine neuere schwache Form *durchsenken* mit der selben Bedeutung. Ob es heute noch in der bergmännischen Fachsprache existiert, weiß ich nicht. Daß die Durchbohrung (ebenfalls zwiedeutig) an den Körperöffnungen ansetzt, ist logisch und praktisch.

Zum Vergleich nun die Mischfassung der Göttinger Ausgabe, wie sie Karl Stackmann und Karl Bertau hergestellt haben (ich habe fast alles kursiviert, was von C abweicht, und im Apparat angegeben, er-Kürzel, Nasalstriche und Diphthongschreibungen aufgelöst):

[8] Wer sich daran stört, daß das handschriftliche *-ss-* in *wassen* (< *wahsen*) sprachgeschichtlich von anderer Qualität ist als das *-ss-* in handschriftlich *lassen* und *gassen*, der müßte sich auch daran stören, daß sprachgeschichtlich *lâzen* nicht als reiner Reim zu *gazzen* und *vazzen* paßt. Frauenlobs Dichtung gehört grob in die Entstehungszeit von C.

I, 4

Nu lougen nicht dur icht *der schicht* das dich sunder*lich*
der kün*ig* in sine*n* kel*er* furte.
dich rurte
sin grüzen.
wie nu, v*er* me*i*t, h*at* ir iuch wol versunnen?
wir gunnen
der wunnen
iu wol, *daz* ir den win h*ab*t getr*u*nken
mit der milch so süzen.

Ich wene wol, i*u* *s*ol den zol sin munt machen kunt,
wa [ ] durch *die mure*h*ü*ter *qu*amen,
[ ] i*u* *n*amen
den mandel.
was s*uch*t ir, me*i*t, so spate in d*is*en gazzen?
kein lassen,
wir *v*azzen
d*ie* lieb*e*, an *iu*wern wunden dur*ch*sunken
hat [ ] sin *drilch* [ ] den wandel.

---

1 *der schicht*] *fehlt C* sunder wicht *C.*
2 kün*ig*] kv́ng sine*n* kel*er*] sinem kelt *C.*
5 *ver*] vro me*i*t] magt h*at*] habt *C.*
8 *iu*] v́ch *daz*] wan h*ab*t] hant getr*u*nken] getronken *statt* getrvnken *? C.*
10 i*u*] v́ch.
11 wa ir dur v́wer hůter kamen *C.*
12 die v́ch *C.*
14 s*uch*t] sůkent me*i*t] maget d*is*en] den *C.*
16 *v*azzen] wassen *C.*
17 d*ie* lieb*e*] dů lieb dur*ch*sunken] dur sunken *C.*
18 hat der sin teil ich den wandel *C.*

Meine Übersetzung:

Nun leugne nicht – warum auch immer – die Geschicht, daß dich sonderlich
der König in seinen Keller führte.
Dich rührte
sein Grüßen.
Wie nun, Frau Maid, habt ihr euch wohl besonnen?
Wir gönnen
die Wonnen
euch wohl, daß ihr den Wein habt getrunken
mit der Milch, so süßen.

Ich wähne wohl, euch soll den Zoll sein Mund machen kund,
für den die Mauerhüter kamen,
euch nahmen
den Mantel.
Was sucht ihr, Maid, so spät in diesen Gassen?
Kein Lassen!
Wir fassen
die Liebe, an euren Wunden durchsunken
hat seine Dreigestalt jeden Wandel.

Die Eingriffe von Stackmann/Bertau gründen in drei Anregungen: Der Zweiteiligkeit der Strophe mit jeweils genauen metrisch-rhythmischen Entsprechungen; der Rekonstruktion der (allerdings nicht vollständig und unmißverständlich überlieferten) Melodie für Strophe 4 mit untergeschriebenem Text in den beiden melodieüberliefernden Handschriften (Fragmenten); der Stackmannschen Vorstellung einer mitteldeutschen Grammatik zu einer mitteldeutschen Sprache, in der Heinrich von Meißen vielleicht oder wahrscheinlich dichtete, auf der Grundlage der üblichen Mittelhochdeutschen Grammatik. Vielleicht doch noch eine vierte: Keine der andern Fassungen ist so vollständig überzeugend, daß nicht doch C – bei aller Unzulänglichkeit – die Leithandschrift sein müßte. Ich habe in meiner Übernahme der GA-Fassung alle, auch die stillschweigenden Eingriffe kursiviert, damit Sie alles sehen, was auf den Editor weist. Die stete und ehrenwerte Beteuerung Stackmanns, wie sehr ihm die Individualität und Angreifbarkeit seiner Rekonstruktion bewußt sei, verliert mir an Gewicht, wenn ich mir klarmache, daß ich zu meiner Vergewisserung entweder bei jedem Buchstaben die beiden Bände der Ausgabe durchblättern, ja -lesen muß, oder alle Hinweise, die die Herausgeber zur Einrichtung der Edition geben, präsent haben muß, wie sie nur zwei Menschen präsent haben können: die Herausgeber. Die Vermitteldeutschung interpretiere ich weiter nicht – der gesamte Leich ist in keiner Handschrift in mitteldeutsch-meißnerischer Sprache überliefert. Eine gewisse Entscheidungsfreiheit muß dem Herausgeber jedoch zugestanden werden, nämlich bei der Auflösung und damit Erklärung der Diakritika; das *hûter* muß wegen der Verbform *kamen* jedenfalls als Plural verstanden werden, das *û* wird also auch für den umgelauteten Diphthong *üe* stehen. Über die Einfügung von Silben metri causa, wie sie auch der vortragende Sänger vornehmen könnte, und mit denen die Schreiber nach Willkür oder Schreibgewohnheit umzugehen scheinen, läßt sich streiten. Ob in der Edition *küng* oder *künig* steht, verschlägt kaum etwas, wenngleich die Silbe *-ig* in *künig* gegenüber *küng* der Handschrift C das Metrum eher kompliziert (Zeile 2; Bertau hat sie im Text unter der rekonstruierten Melodie nicht, also vielleicht ein Stackmannsches Versehen, das man dem Editor nicht vorwerfen wird).

Die aparte Nebenform *ver* für *vro* (= *vrouwe*) in Zeile 5, die Stackmann in den Text setzt, haben fünf von den sechs zur Textherstellung benutzten Handschriften kaum oder nicht verstanden, zwei haben vor *meit* ein Präfix *v*ˢ (*v* mit *er*-Kürzel), eine hat ein anderes Verb gemacht (*v*ˢ*einet*), zwei haben eine Präposition *vor* der Maid. C hat *vro magt*. Die Verschreibungen scheinen mir weniger einen Beweis für ein Mißverstehen der Form *ver* zu zeigen, die als lectio difficilior vermutet wird, so vermute ich, denn als ein Unverständnis oder eine Ablehnung des Titels *vrouwe* vor der Bezeichnung *maget*. Was mich bei Christenmenschen allerdings trotz allem wundert. lectio difficilior sind die Mauerhüter, die alle Handschriften außer C haben. Sie geben Anlaß, über die Verbindung der entsprechenden Handschriften nachzudenken und über das Textverständnis des C-Schreibers[9]. Bei Frauenlob kommt es sonst nicht vor.[10] Von den Wörterbüchern verzeichnet es nur das Kleine Mittelhochdeutsche Wörterbuch von Beate Hennig[11]. Es scheint also ein gut überliefertes einmaliges Frauenlobwort zu sein – das hat Gewicht. Als Hoheliedanregung vgl. Cant. 5,7 (auch Cant. 3,3). Frauenlobisch gedacht, wenngleich syntaktisch nicht ganz unproblematisch, scheint mir die Übersetzung dieser Zeile 11 von A. E. Kroeger: »When through your wall the watch came breaking«[12] (»als durch deine Mauer der Hüter hereingebrochen kam oder die Hüter hereingebrochen kamen«). Der Satz über die Zeilen 16, 17 und 18 geht anders als der Text in C. Das ist bedingt durch den Eingriff in der letzten Zeile des Versikels, der Zeile 18, vor allem durch die Übernahme des Wortes *drilch*, das die Wörterbücher auch als *drilich* kennen (von *drî-lîch* ›drei + Gestalt‹), das wir bis heute als Bezeichnung eines speziellen Gewebes haben. Als Substantiv

[9] Ein Verlesen und dann Verschreiben von *mure* zu *iuwer* (*iwer*?) in Textura kann ich mir schon vorstellen, womöglich noch ein vorhergehendes, dann verworfenes aber nicht getilgtes Pronomen *ir*. Vorstellen kann ich mir auch, daß jemand die Lesung *mure* für eine Verschreibung von *iuwer* (*iwer*?) hielt.

[10] *Frauenlob-Index* von Harald Bühler, mit einem Vorwort von Karl Bertau, Erlangen (Palm & Enke) 1985.

[11] Beate Hennig, *Kleines Mittelhochdeutsches Wörterbuch*, in Zusammenarbeit mit Christa Hepfer und unter redaktioneller Mitwirkung von Wolfgang Bachofer, 2., ergänzend bearbeitete Auflage, Tübingen (Max Niemeyer) 1995.

[12] *Heinrich von Meisens's* [! D.p.] *Generally Known as Frauenlob's Cantica Canticorum*, or, Lay of Our Lady. Translated from the Original by A[dolph] E[rnst] Kroeger, St. Louis (Gray & Baker) o. J. (das Vorwort datiert: St. Louis 1877) (vergleiche: Cornell University Library, http://archive.org/stream/cu31924026149058). Auf Kroeger aufmerksam gemacht hat mich Michael Shields.

(maskulin) scheint das Adjektiv *drilch* zuerst nur Frauenlob verwendet zu haben. Er verwendet es hier und in IV, 9, 8, dem Dialoggedicht zwischen Minne und Welt, wo es von der dreifältigen Minne in seiner Bedeutung als *drilch* erklärt wird. Vier der Beleghandschriften haben den letzten Satz mit diesem Wort[13]. Auch hier die Wahrscheinlichkeit, daß der Weg von einem ungewöhnlichen Wort zu einem Mißverständnis oder einer Vereinfachung geht. Vor allem aber: *drilch* reimt an der gehörigen Stelle auf *milch* im ersten Versikel. Das Verb *vazzen* haben außer C alle. So entstehen also, außer in C, in den Zeilen 16 bis 18 zwei Sätze: »wir fassen die Liebe« und »an euren Wunden durchsunken hat seine Dreigestalt den Wandel«. Möglich wäre auch eine constructio apo koinu: »wir fassen die Liebe an euren Wunden« und »an euren Wunden durchsunken hat seine Dreigestalt den Wandel« (›Sünde und Fehltritt‹). Welches Satzelement wohin deutet, hängt vom Blick des Lesers ab, Mehrdeutigkeit mag poetisch erwünscht oder zugelassen sein.

Daß auch der Schreiber von C nicht völlig unbekümmert ums Metrum ist, sehen wir in der letzten Silbe von *iuweren* in Zeile 17; dort könnte der kleine Punkt unter dem ẹ ein Tilgungspunkt sein – die Zeile wird durch die Tilgung rhythmisch nicht einfacher; in der Ausgabe, die das *e* nicht übernimmt, gibts dazu keinen Hinweis. Das handschriftliche *dur* ist zu *durch* ergänzt und mit *sunken* zusammengeschrieben; ich weiß nicht, ob das *-ch* im Kompositum pronunziatorisch unerläßlich ist, halte das aber für möglich.

Zum Schluß noch eine ganz spekulative Überlegung. Ich habe gelernt und mit größter Selbstverständlichkeit nie bezweifelt (mit der Zulassungsarbeit zu Frauenlobs echten Liedtönen wards zum ersten Mal dokumentiert): Alle mittelalterliche Lyrik ist gesungen worden und formal ohne überlieferte Melodie gar nicht recht zu beurteilen. Ich habe nicht gelernt zu fragen: Warum ist, vor allem in deutschsprachigen handschriftlichen Sammlungen, so viel Lyrik ohne Melodie überliefert? Liegt das am gönnerlichen Geld – sind Handschriften mit eignen Notenzeilen (die es seit dem 11. Jhd. gibt) und eignem Notenschreiber einfach viel teurer? Bleibt immer noch die Frage, weshalb man aus Ersparnisgründen lieber mehr Text als Singnotation schreiben läßt. Die spekulative Überlegung ist: Könnte es sein, daß das ganze deutschsprachige hohe Mittelalter, also die Literaturproduktion, sagen wir seit dem zwölften Jahrhundert, neben dem Interesse an Singdichtung ein Interesse an Schreib- und Lesedichtung hatte? Haben wir in der Heidelberger

[13] Hs. E in einer mir nicht recht verstehbaren Form: *hat mit sin drilich* (*mit* aus *ſint* hergestellt – ist syntaktisch nicht besseres *mir* gemeint?) (vgl. GA, Bd. II, S. 618, zur Stelle). Der Zeile 18 in C kann man unschwer ansehen, wie sie aus einer *drilch*-Version herauspräpariert wurde.

Handschrift eine andere Kunst- und Literaturmode als in der Jenaer Liederhandschrift? Sind die Gedichte der Heidelberger Handschrift nicht defizient, sondern als Dichtung eigner Art zu verstehen? Könnte es sein, daß wir nicht zwei Weisen der Vermittlung von Dichtung an andere denken müssen (mündlich und schriftlich, vorgetragen und aufgeschrieben), sondern drei: Vortragen – Aufschreiben als Text – Aufschreiben als Text und Musik. Harald Haferlands wunderbare Analysen und Folgerungen zum rhapsodischen Umgang mit Heldendichtung tun sich mit Musik zum Vernachlässigen leicht – jedes Heldenepos hat nur eine Strophenmelodie, wenn nicht gar eine schon von woanders her bekannte. Jedes Lied hingegen hat eine eigne, jeder Leich für jede Strophe eine eigne. Lieder sind also ganz anders zu produzieren wie auch für den Vortrag zu lernen.

Bald trinkt der Schnee das Sonnenlicht. Dunkelbunte Verse aufgeschrieben. Kleine Beispiele aus Frauenlobs *Unser Frauen Leich*[1]

Hoffnung

Es ist ein Schnee gefallen,
hat alles Graue zugedeckt,
die Bäume nur gen Himmel nicht;
bald trinkt der Schnee das Sonnenlicht,
dann wird das alles blühen,
was unter unsern Bäumen jetzt
kaum Wurzeln streckt.

Das Gedicht ist von Richard Dehmel.[2] Die Verszeile »bald trinkt der Schnee das Sonnenlicht« fand und finde ich richtig gut; da las ich ganz vorn im Band, nach dem Inhaltsverzeichnis, auf unpaginierter Seite, ein »Druckfehlerverzeichnis« und darin: »Es ist zu lesen: auf Seite 144 im Gedicht Hoffnung: bald trinkt d e n Schnee das Sonnenlicht, anstatt bald trinkt der Schnee das Sonnenlicht.« – schade, so wird das Gedicht üblich, klingt topisch, auch für 1899. Wer den Fehler gesehen und im Druckfehlerverzeichnis behauptet und korrigiert hat, weiß ich nicht; das Fehlerverzeichnis selber enthält wenigstens drei Fehler unter den sechs Verweisen[3]. Die nichtkorrigierte Fassung paßt sehr gut zu einer Reihe von munteren, nichtkonventionellen Dehmelliedern (unter denen es allerdings nicht enthalten ist) in einer Sammlung ›Deutsche Chansons (Brettl-Lieder)‹ des Insel-Verlags von 1912, in der auch die drei Herausgeber

[1] Zuerst vorgetragen in der Ringvorlesung im Sommersemester 2013 am 14. Mai, sodann beim XLI. Internationalen Mediävistischen Colloquium vom 7. bis 14. September 2013 in Barchem (Niederlande), zuletzt am 31. Oktober 2013 im Frauenlob-Seminar von Susanne Köbele an der Universität Zürich.

[2] Erschienen in der Zeitschrift »Die Insel«, herausgegeben von Otto Julius Bierbaum, Alfred Walter Heymel und Rudolf Alexander Schröder. Erster Jahrgang. Erstes Quartal. Oktober bis Dezember 1899 (Insel Verlag), Faksimileausgabe, Frankfurt am Main (insel taschenbuch) 1981, S. 144.

[3] Vgl. die falschen Zeilenangaben zu den Seiten 274, 277 und noch einmal 277.

des Gedichts von 1899 vertreten sind.[4] Den angeblichen Druckfehler der Erstveröffentlichung übersehen oder ignoriert hat der Herausgeber Wuthenow in der Reihe ›Epochen der deutschen Lyrik‹.[5] Vielleicht ist die Umkehrung – das Licht wird vom Schnee getrunken – außer für mich, auch topisch. In einer zweiten Fassung, die ich in den Gesammelten Werken von 1906 lese, hat Dehmel selbst die Überschrift und den Text verändert (und damit banalisiert); hier steht das Gedicht mit anderm Titel und Variation der Verse vier und sechs:

Vorgefühl

Es ist ein Schnee gefallen,
hat alles Graue zugedeckt,
die Bäume nur gen Himmel nicht;
bald trinkt den Schnee das Sonnenlicht,
dann wird das alles blühen,
was in der harten Krume jetzt
kaum Wurzeln streckt.[6]

[4] *Deutsche Chansons* (Brettl-Lieder) von Bierbaum, Dehmel, Falke, Finckh, Heymel, Holz, Liliencron, Schröder, Wedekind, Wolzogen, Leipzig (Insel-Verlag) 1912. Auch Dehmels Freund Liliencron hatte schon in dem »Insel«-Band 1899 veröffentlicht.

[5] Vergleiche den Wortlaut in Band 8 der *Epochen der deutschen Lyrik*, herausgegeben von Walther Killy, Gedichte 1830–1900, nach den Erstdrucken in zeitlicher Folge herausgegeben von Ralph-Rainer Wuthenow, München (dtv) [3]1981, S. 367 (gedruckt nach dem Insel-Erstdruck, vgl. Quellen Nr. 113, S. 380; vgl. Verzeichnis der Autoren und ihrer Gedichte, S. 383).

[6] Richard Dehmel, Gesammelte Werke in zehn Bänden, Band I (*Erlösungen. Gedichte und Sprüche. Dritte, nochmals veränderte Ausgabe*, Berlin (S. Fischer) MDCCCCVI (1906), S. 41, die selbe Fassung in: GW in drei Bänden, erster Band, Berlin (S. Fischer) 1913, S. 39f., hier in der ersten Abteilung, *Erlösungen. Gedichte und Sprüche. Vierte Ausgabe*, die nach Dehmels erstem Gedichtband von 1891 benannt ist. Diese *Erlösungen. Eine Seelenwanderung in Gedichten und Sprüchen*, Stuttgart (G. J. Göschen) 1891, enthalten ein anderes Gedicht ›Hoffnung‹ (S. 61f.). Dies Gedicht fehlt in der zweiten Ausgabe, unser Gedicht ›Es ist ein Schnee gefallen‹ ist noch nicht aufgenommen (vgl.: *Erlösungen. Gedichte und Sprüche, zweite Ausgabe, durchweg verändert*, Berlin (Schuster & Loeffler) 1898). Ich gehe der Überlieferung des Gedichts im Detail nicht weiter nach; die Veränderungen sind wohl Änderungen durch den Autor (vgl. [2]1898, ›Vorwort‹, S. 7). Sowohl der Titel ›Hoffnung‹ wie der Titel ›Vorgefühl‹ kommen in dem zitierten Killy-Lyrik-Band zweimal vor (vgl. Titel- und Anfängeverzeichnis): Hoffnung (Emanuel Geibel, Richard Dehmel), Vorgefühl (Justinus Kerner, Ferdinand Freiligrath).

Die erste Verszeile »Es ist ein Schnee gefallen« gibt es wortwörtlich in einem Gedicht des fünfzehnten Jahrhunderts, von einem unbekannten Verfasser:[7]

Es ist ein schne gefallen,
vnd ist es doch nit czeit;
man wurft mich *mit* den pallen,
der weg ist mir verschneit.

Mein hauß hat keinen gibel,
es ist mir worden alt;
czerbrochen sin mir dye rigel,
mein stublein ist mir kalt.

Ach lib, laß dichs erparmen,
das ich so elend pin,
vnd sleuß mich yn dein armen,
so vert der winter do hin!

Der winter will vnß entschleichen,
der summer vert do herr,
mir libt ein seuberliche –
wolt got, wer sie mein!

Jch hat mir erkoren
ein minigliches leut,
an dem ich hab verloren
mein lib vnd auch mein treü.

Das lidlein sein gesungen
von einem freulein fein;
ein ander hat mich verdrungen,
das muß ich gut lan sein.

Die erste und zweite Verszeile aus diesem Gedicht wiederum findet sich in einem Gedicht von Goethe:

März.[8]

Es ist ein Schnee gefallen,
Denn es ist noch nicht Zeit,

[7] Band 2 der *Epochen der deutschen Lyrik*, herausgegeben von WALTHER KILLY, Gedichte 1300–1500, nach den Handschriften und Frühdrucken in zeitlicher Folge herausgegeben von EVA und HANSJÜRGEN KIEPE, München (dtv) 1972, S. 292f. (Cgm 810 [Schedelsches Liederbuch] 1461–1467, vgl. Quellen Nr. 53, S. 421; vgl. Verzeichnis der Gedichtüberschriften und -anfänge, S. 441).

[8] GOETHES Werke, herausgegeben im Auftrage der Großherzogin SOPHIE VON SACHSEN, I. Abtheilung 3. Band [Weimar (Hermann Böhlaus Nachfolger) 1890] München (dtv)

Daß von den Blümlein allen,
Daß von den Blümlein allen
Wir werden hoch erfreut.

Der Sonnenblick betrüget
Mit mildem falschem Schein,
Die Schwalbe selber lüget,
Die Schwalbe selber lüget,
Warum? Sie kommt allein!

Sollt' ich mich einzeln freuen,
Wenn auch der Frühling nah?
Doch kommen wir zu zweien,
Doch kommen wir zu zweien,
Gleich ist der Sommer da.

Einen Hinweis auf die Herkunft der mir nicht gerade gewöhnlichen, eher aparten, ersten Verszeile »Es ist ein Schnee gefallen« und der zweiten Verszeile auf den fast gleichklingenden Anonymus des fünfzehnten Jahrhunderts finde ich nicht bei Goethe, einen für die erste Verszeile auf den Anonymus oder Goethe nicht bei Dehmel. Es ist das geordnete Chaos der Internetsuchmaschine, das einem die Zusammenhänge zeigt. Vielleicht läßt sich hier sehen, daß sich ein Nachweis der verwendeten Verszeile erübrigt, weil sie längst wohlbekannt-allgemeines Dichtmaterial im Deutschen ist.[9] Ich selber habe diesen Vers in einem Brief unbewußt und von mir lange unbemerkt in »Ein Schnee ist gefallen« verwandelt, im Verzeichnis der Überschriften und Anfänge zu »Epochen der Lyrik 8« (sieh dort S. 401, Anmerkung 1) steht irrtümlich »Es ist Schnee gefallen«. Was in meiner Fehlleistung vielleicht als gewohnter Bajuwarismus erhalten geblieben ist, ist bei Wuthenow vielleicht gerade als solcher verschwunden: »ein Schnee«. Die letzten beiden Zeilen von Dehmels Erstfassung 1899 hab ich einige Zeit nicht verstanden, weil ich beim Abschreiben in den Brief das Wort »unter« in Vers 6 (»was unter unsern Bäumen jetzt«) vergessen habe, so daß also entstand: *dann wird das alles blühen,*

1987, S. 33. Vgl. Lesarten S. 385 (Hs. datiert 5. März 1817). Dieses Gedicht wie auch der zitierte Anonymus und das Gedicht von Dehmel (als ›Vorgefühl‹) wurden vertont, wie man im Internet leicht nachschauen kann.

[9] Nur die erste Langzeile hat mit den zitierten Gedichten zu tun (»Es ist ein Schnee gefallen, wann es ist noch nit Zeit«), sie ist der Eingang zu einer Ballade über drei Männer, die um ein Mädchen werden. Ich finde sie (mit einer Melodie von 1535) in: *Der Zupfgeigenhansl*, herausgegeben von Hans Breuer unter Mitwirkung vieler Wandervögel mit leichter Gitarrebegleitung versehen von Heinrich Scherrer, bayr. Kammervirtuos, Leipzig (Friedrich Hofmeister), 28. Auflage 1926, S. 95.

was unsern Bäumen jetzt kaum Wurzeln streckt. So viel zu den Fehlleistungen und Leistungen etlicher Unbewußtheiten in Zeiten von – im Vergleich zum Mittelalter, sagen wir des dreizehnten/vierzehnten Jahrhunderts – doch ziemlich weit verbreitetem Alphabetismus und berufsmäßigen Lesern und Schreibern.

Nun aber ohne weitere Umschweife zu dem Text, über den ich eigentlich nachdenken und reden will, oder darüber, was dieser Text sein soll oder sein kann: Heinrichs von Meißen, genannt Frauenlob, *Unser Frauen Leich*, genauer noch: ich will reden wenigstens über einen kleinen Ausschnitt, eher zufällig ausgeschnitten, über den letzten Versikel, den Versikel Nummer XX. Ich will über den Text nicht in der üblicherweise gelesenen Edition der Göttinger Ausgabe von Karl Stackmann und Karl Bertau[10] (GA) reden, auch nicht über den der davon abhängigen, ab und zu leicht veränderten Edition von Burghart Wachinger,[11] sondern ich will ihn anschauen in zwei Handschriften, in denen er überliefert ist und die die Grundlage der genannten Editionen bilden: Die Heidelberger Handschrift cpg 848 mit der Sigle C, genannt Große Heidelberger Liederhandschrift oder Manessesche Handschrift aus den ersten Jahrzehnten des vierzehnten Jahrhunderts, entstanden in Zürich, also um die Zeit vor oder nach Frauenlobs Tod 1318[12], und die Wiener Handschrift cod. vind. 2701 mit der Sigle W, entstanden im vierzehnten Jahrhundert, vermutlich in Schlesien.[13] Ich lese die Handschrift C nach dem Digitalisat im Internet,[14] die Handschrift W nach der Faksimileedition von Heinrich Rietsch, die ich mir selber fotografiert und damit im Computer verfügbar gemacht habe.[15]

[10] Frauenlob (Heinrich von Meissen), *Leichs, Lieder, Sangsprüche*, auf Grund der Vorarbeiten von Helmuth Thomas herausgegeben von Karl Stackmann und Karl Bertau, 1. Teil Einleitungen, Texte, 2. Teil Apparate, Erläuterungen, Göttingen (Vandenhoeck & Ruprecht) 1981. Text hier, Band I: S. 280–283, Apparat und Anmerkungen, Band II: S. 656–659.

[11] *Deutsche Lyrik des späten Mittelalters*, Text und Kommentar (und Übersetzung), herausgegeben von Burghart Wachinger (2006), Berlin (Deutscher Klassiker Verlag) 2010. Text hier: S. 392–395, Kommentar S. 867–871.

[12] »Nach einem Grabstein im Kreuzgang des Mainzer Doms starb *Henricus Frowenlop* am 29. November 1318.« (Wachinger, vorige Anmerkung, S. 819).

[13] Vgl. die Angaben zu den Handschriften in der Göttinger Ausgabe, hier: Band I, S. 32–34, S. 120–124.

[14] Vgl. das Digitalisat zu Frauenlob: http://digi.ub.uni-heidelberg.de/diglit/cpg848/0798.

[15] Denkmäler der Tonkunst in Österreich. XX. Jahrgang. Zweiter Teil. 41. Band. *Gesänge von Frauenlob, Reinmar v[on] Zweter und Alexander.* Nebst einem anonymen Bruchstück nach der Handschrift 2701 der Wiener Hofbibliothek, bearbeitet von Heinrich Rietsch. Mit Reproduktion der Handschrift, Wien (Leipzig, Breitkopf & Härtel) 1913.

Die Handschriften C und W aus der Handschriftengruppe, die *Unser Frauen Leich* ganz oder als Fragment überliefert, habe ich deshalb zum Vergleich ausgesucht, weil C in der Edition der Göttinger Ausgabe erst die Leithandschrift ist – die mit dem Einsatz der fragmentarischen Handschrift W ab Versikel 14, genau: ab den letzten drei Wörtern von Versikel 13, als Leithandschrift durch W ersetzt wird. Im Moment will ich mich nicht mit den Begründungen für die Entscheidung der Editoren für diese beiden Handschriften, noch mit Begründungen für die Nutzung der andern *Unser Frauen Leich*-Handschriften zu Konjekturen, noch mit Stackmanns Reflexionen über seine Verwendung von ›Leithandschrift‹, noch auch über die Bedeutung überlieferter Melodie (cod. vind. 2701 überliefert die Texte mit Melodie) auseinandersetzen. Ich werde den Text von Versikel 20 nach C (fol. 401^{v}) und W (Rietsch, S. 9f.) transkribieren und die Verse mit je einer Übersetzung von mir untereinandersetzen, also erst den C-Vers, dann seine Übersetzung, dann den W-Vers, dann seine Übersetzung.[16] Die Verse sind nach der Reimstruktur, entsprechend der Strophenform nach Stackmann/Bertau gebildet. Meine Transkription versucht, die handschriftlichen Zeichen (diplomatisch) wiederzugeben, Reimpunkte (·) oder Reim(Gliederungs)striche (/) werden ohne weitere Interpunktion gemäß den Handschriften gesetzt, der Zeilenumbruch der Handschriften wird mit senkrechtem Strich (|) markiert. Ich versuche, die Wortentsprechungen von C und W möglichst genau übereinanderzusetzen, so daß schnell zu sehen ist, wo die Handschriften übereinstimmen oder voneinander abweichen; die jeweiligen Übersetzungen, die möglichst eng am Text bleiben und ausdrücklich keine gefällige Prosa probieren, sind nach rechts eingerückt und kursiviert, mit der Interpunktion meines neuhochdeutschen Verständnisses versehen. Die Versikel und Halbversikel einleitenden Lombarden sind als fette Buchstaben gesetzt. An wenigen Stellen meine ich, klar Fehler zu erkennen, die mich vorsichtigst eingreifen lassen; die Eingriffstellen sind wie üblich durch Kursive markiert und unter dem Frauenlobtext in einem C-Apparat beziehungsweise W-Apparat erklärt. Die fast nie mißverständlichen *i* ohne Punkt, mit Punkt oder Schrägstrich oder nach unten offnem Haken habe ich als Drucktype i vereinheitlicht.

Ich gedachte, im Wintersemester 2012/13 ein Frauenlobseminar zu halten. Schon nach wenigen Sitzungen stellte sich heraus, daß es ein *Unser Frauen Leich*-Seminar werden würde. Nach dem achten Versikel beschloß ich, nur noch den letzten, Nummer 20, zu studieren. Die Probleme, den Text zu

[16] Karl Bertau, der in der Göttinger Ausgabe die Melodie ediert hat, setzt den Editionstext der Ausgabe unter die Melodiezeilen (Band I, S. 282f.), Heinrich Rietsch transkribiert den Text von W in seiner Edition von Text und Musik, hier S. 61f.

verstehen und damit zu edieren, will ich hier vorstellen. Sie werden sehen, daß wir schon mit den ersten zwei Versen reichlich zu tun kriegen. Nagut, packen wirs an.

1 Gen bergen klimmet nach ir nar| dv́ geis·
Bergauf klimmt nach ihrer Nahr-ung die Geiß,
Ken berge clýmmet noch ir nar| dý geiſe
Bergwärts klimmt nach ihrer Nahr-ung die Geiße,

2 dur das ich min har / gelichen heiſ|
daher ich mein Haar dem entsprechend heiß:
durch daȝ mýn har ich tar gelichen heiſe·|
darum mein Haar – ich wags – entsprechend heiße –

Der erste Vers in C ist ein vollständiger Satz, der zweite ein subordinierter Satz, der zurück auf den Hauptsatz oder auf das Kommende weist: *Gen bergen klimmet nach ir nar diu geis,· dur das ich min har gelichen* heiſ [hsl. *heissen*]. Der Nebensatz enthält wenigstens einen von drei möglichen Fehlern. Erstens, das *ich* ist zuviel im Satz: *Gen bergen klimmet nach ir nar diu geis,· dur das min har gelichen heissen* (*min har* läßt sich als Plural verstehen), er bedeutet: ›Bergauf klimmt nach ihrer Nahr-ung die Geiß, daher mein Haare dem entsprechend heißen.‹ Erinnerung an *canticum canticorum* 4, 1: … *capilli tui sicut greges caprarum quae ascenderunt de monte Galaad.*[17] Martin Buber übersetzt das Hebräische: »Dein Haar ist wie eine Herde von Ziegen, die vom Gebirge Gilad wallen.«[18] Das Bild ist für Liebeslyrik einer Ziegenhütergesellschaft im Bergland nichts Ungewöhnliches. Wenn, zweitens, das Pronomen *ich* in den Satz gehört, ist die Verb-Endung falsch (*ich heissen*); der Satz mit Nebensatz müßte lauten (die endungslose 1. Pers. Sing. Präs. ist möglich): *Gen bergen klimmet nach ir nar diu geis,· dur das ich min har gelichen heis.* – ›Bergauf klimmt nach ihrer Nahr-ung die Geiß, daher ich mein Haar(e) dem entsprechend heiß'‹. Wenn wir den ersten Vers betrachten, sehen wir, daß so ein reiner Reim entstünde (*geis* – *heis*). Ein korrekter Reim entstünde auch, wenn die Verbform bliebe (zum falschen Pronomen *ich* aber sieh vorher) und wir uns statt der singularen *geis* aus Vers eins den Plural denken: *geissen*. Der der mittelhochdeutschen Grammatik nicht entsprechende Artikel *diu* ist kein Problem, der

[17] *Biblia Sacra iuxta vulgatam versionem*, II Proverbia – Apocalypsis, Appendix, Stuttgart (Deutsche Bibelgesellschaft) 1983. Vgl. zu den möglichen Bibelzitaten auch immer: LUDWIG PFANNMÜLLER, *Frauenlobs Marienleich*, Straßburg (Karl J. Trübner) 1913, der an dieser Stelle noch auf Cant. 6, 4 verweist (S. 71).

[18] *Die Schriftwerke*, verdeutscht von MARTIN BUBER [1962], Heidelberg (Lambert Schneider) 1986, *Gesang der Gesänge* S. 345–357, hier S. 349.

Schreiber hier in C hat die Tendenz, eher *diu* (hsl. *dv́*) als grammatisch reguliertes *die* zu verwenden. Die schwache Pluralform *geissen* existiert neben dem üblichen mittelhochdeutschen Plural *die geize.* Einen korrekten Reim ergäbe auch die mittelhochdeutsche Pluralform *geise* mit der korrigierten Verbform *heise.* Dummerweise würde aber, drittens, zu keiner Pluralform der Ziegen die singulare Verbform *klimmet/clýmmet* passen.

Die gehörige Pluralform findet sich in den andern die Strophe überliefernden Handschriften E, F, L, Q und t, nicht aber in der hier und jetzt als Leithandschrift verwendeten Wiener Handschrift W[19] (*clýmmet*). Das heißt, das singulare *clýmmet* in W paßt auch nicht zu einer pluralen Form *dý geiſe.* Die seltenere singulare Form *geise* (W) existiert neben der Form *geis* (C). Wenn wir die gelten lassen, haben wir in W einen korrekten Hauptsatz in Vers eins (*Ken berge clýmmet noch ir nar dý geiſe*) und einen korrekten Reim zu Vers zwei (*geise – heise*). Aber wir haben eine gewichtige Abweichung von W zu C im subordinierten Satz, mit daraus folgenden Irritationen: *durch daz mýn har ich tar gelichen heiſe.* Der Vers enthält einen zweisilbigen Binnenreimpart (*ich tar*), wie auch an der entsprechenden Stelle im zweiten Versikelteil einer erscheint (alle zweiten Versikelhälften im ganzen Leich sind, gemäß einer Idealanalyse, wie die je ersten gebaut): dort reimt *di vlut* auf *gut* (20, 20). Diese Stelle haben sowohl W wie C. Wenn wir C – einer hypothetischen oder wahrscheinlichen Frauenlobstrophe entsprechend – nach W korrigieren, sind wir, was die benannten Probleme betrifft, nichts gebessert, im Gegenteil, wir handeln uns die, die jetzt in W zu lesen sind, zusätzlich ein. Wo im subordinierten Satz von W (*durch daz mýn har ich tar gelichen heiſe*) wäre das *tar* zu verstehen? Das Pronomen *ich* nach *min har* statt nach *durch das* wäre im Vers zu akzeptieren (*durch daz ich mýn har tar gelichen heiſe*). Daß der Reim *nar – hâr – tar* nach der Grammatik kein reiner Reim wäre, ist wegen der Entsprechung zum zweiten Versikelteil hinzunehmen (es wäre eh nicht der einzige Reim im Leich, der nicht blitzsauber wäre). Die einzige Handschrift, die an der Stelle die Satzstruktur wie W hat, ist das Fragment Q: *min har ich dar* <…>*zze*[20]. Stackman/Bertau und Wachinger haben *dar* im Text. Auch wenn *dar* als Adverb mit Länge (*dâr*) zu verstehen ist, bleibt der unreine Reim *nar – hâr – dâr.* Und die Bedeutung vielleicht so: *durch daz min har ich dar gelichen heiſe* ›daher mein Haar ich in dieser Richtung (nämlich der Assoziation *Hoheslied*) zu vergleichen heiße.‹ Obwohl der Versikel in W mit einer Tenuis *K* in *Ken berge* statt *Gen berge* beginnt, scheint mir der Schreiber sonst wenig Neigung zu haben,

[19] Vgl. immer Apparat und Anmerkungen zur Göttinger Ausgabe (sieh Anm. 10).

[20] Vgl. den Apparat der GA. Zu Fragment Q, Melk, Benediktinerstift (Buchschrift des 14. Jahrhunderts) sieh GA I, S 146–148; Schreibsprache Oberdeutsch/Alemannisch?

übliche Mediae durch Tenues zu ersetzen; in diesem Versikel finde ich nur das graphisch unzweifelhafte *K* in *Ken* (Vers 1), das mir zweifelhafte *t* in *tar* (Vers 2), das noch zu diskutierende *pin* in W statt *bein* in C (Vers 7); in Vers 21 hat W gar *berill*, wo C *parýll* hat.

Wenn wir also nicht einer vermeintlich unproblematischen Syntax den Vorzug geben (*dar gelichen* für ›mit etwas vergleichen‹ ist auch nicht gerade selbstverständlich), haben wir ein Problem im W-Nebensatz *durch daz min har ich tar gelichen heise*, das ich nur auflösen kann, wenn ich *tar* in Parenthese setze und annehme, daß eine zweite Setzung des Subjekts *ich* vermieden wurde, was mittelhochdeutsch ohne weiteres möglich ist: ›darum mein Haar – ich wags – entsprechend heiße‹. Darüberhinaus könnte *heise* als 3. Pers. Sing. Präs. Konjunktiv verstanden werden (›mein Haar soll heißen‹). Die detaillierte Betrachtung hat mir gezeigt und soll Ihnen zeigen, daß sich die beiden Versionen C und W schon in den ersten beiden Versen des letzten Versikels von *Unser Frauen Leich* nichts nachgeben, was ihre Kompliziertheit angeht. Mir ist jedenfalls deutlich geworden, daß eine Puzzleversion aus sämtlicher Überlieferung nur mit Willkür ein stimmiges Ganzes erzeugen kann, was ja nicht verboten ist, sich vielmehr in die Reihe der Auseinandersetzungen mit den Verstehensschwierigkeiten der überliefernden Handschriften stellt, die allerdings manchmal dazu verführten, die Grenze zum hilflos Unsinnigen zu überschreiten. Ich gehe zu den Versen 3 und 4:

3 d^{s} himel hoͤhi han ich ub^{s} klummen·
Der Himmel Höhe hab ich überklommen,
der himel hœ han ich vber clvmmen
der Himmel Höhe hab ich überklommen,

4 vn̄| mir dv́ gotheit mit d^{s} macht ſo meiſterlich| dur ſwummen/
und mir die Gottheit mit der Macht so meisterlich durchschwommen,
mich hat dý| gotheit mit ir macht ʒo meiſterlich durch ſwummen|
mich hat die Gottheit mit ihrer Macht so meisterlich durchschwommen,

Der dritte Vers schließt sich problemlos an das Hohelied-Bild von Geiß und Berg an und erklärt den Wirkungsbereich der Ichsagerin Heilige Jungfrau in der Vertikalen über alle Höhen der Himmel. Ich mache Sie auf das Wort *hoͤhi* in C aufmerksam, dessen letzten Buchstaben wir erst für ein *t* hielten und das Wort für ein ungewöhnliches Abstraktum auf *t* zu einer Adjektivwurzel *hoh*, das aber eine alemannische Form aus der Schreibersprache oder wenigstens vom Schreiberort ist, wie die Wörter *hoͤhi* (mit i-Strich C 16, 14), *hohi* (ohne i-Strich C 16, 25) fol. 401ra, die Wortreihe *wite lengi dufi hoͤhi* (die *i* ohne i-Strich C 17, 28, hier reimt *hoͤhi* auf *entpfloͤhe*) fol. 401rb, zeigen. Alle Höhe-

Phantasien von *Unser Frauen Leich* stehen in dem Bereich, in dem W die Leithandschrift ist. Ich nehme die Gelegenheit, um auf die Mentalität der Rücksichtslosigkeit gegenüber der Vielfalt der mittelalterlichen *tiuschen zungen* zu zeigen, die ihre feindifferenzierte Kenntnis der handschriftlichen Sprachenbuntheit zum Zwecke ihrer Ausrottung verwendet, die ihre Wirkungen immer noch bis in die entfernteste deutsche Grundschule hat, in der noch jeder kaum akzentfrei angebliches Hochdeutsch sprechende Lehrer seinen Schülern ihre Muttersprache, in der sie zuerst ihre Welt zu bereden, zu beschreiben, zu verstehen gelernt haben, als falsches Deutsch austreiben will und muß. Blaßwerden vor Neid könnt man im Blick auf manche selbstverständliche Zweisprachigkeit allein, was die deutschen Zungen angeht, bei unsern Nachbarn in der Schweiz und in Österreich.

Ich komme zum vierten Vers, der sich in C an den vorigen schließt, in W könnte er ein eigner Satz sein. Hier kommen wir wie die Heilige Jungfrau in den uferlosen Bereich des Dogmas und der Glaubenswelt. Im Bild vom Schwimmen kommt eine horizontale Dimension zu der vorherigen vertikalen.

4 vn̄| mi*r* dv́ gotheit mit d^s macht ſo meiſterlich| dur ſwummen/
und mir die Gottheit mit der Macht so meisterlich durchschwommen
mich hat dý| gotheit mit ir macht ȝo meiſterlich durch ſwummen|
mich hat die Gottheit mit ihrer Macht so meisterlich durchschwommen

Also erst C: ›Der Himmel Höhe hab ich überklommen‹, *und mir diu gotheit mit der macht so meisterlich dur swummen.* Überklommen und durchschwommen bezeichnen die Weite, Länge, Tiefe und Höhe der Welt (vgl. 17, 28) als Universum, erinnern an Genesis 1, 1 und 2, die Himmel waren in Vers 3 genannt, die Wasser kann man als Mediävist in der Verbindung von ›Gott‹ und ›durchschwimmen‹ ohne weiteres erkennen[21] und damit auch den sprachlichen Allerweltszusammenhang Maria (der Name kommt im gesamten Leich nicht vor) und lateinisch *mare* ›Meer‹. Die Kühnheit des Satzes besteht in der Behauptung des Ich, sie habe sich die Gottheit durchschwommen, wie: ich habe mir die Gottheit erarbeitet, erworben, durchgearbeitet, durchgelesen; ›durchschwommen‹ ist wie ›angeeignet‹. Mitsamt der Macht der Gottheit, oder: mit der Macht durchschwommen. Mit der Macht, die so meisterlich ist, oder: so meisterlich durchschwommen. Das ›so‹ ist in beiden Handschriften Verstärkung des *meisterlich*, hat keinen Konsekutivsatz zur Folge. Das mittelhochdeutsche *meisterlich* weist nicht zuerst auf Handwerkskunst, sondern auf Gelehrsamkeit. Hier theologische Gelehrsamkeit, die Macht des Dogmas.

[21] Auch wenn Ludwig Pfannmüller da früher draufgekommen ist (vgl. Anmerkung GA zu 20, 4), hier S. 125.

Der Satz klingt, als könnte ihn Frauenlob über sich selbst gesagt haben. Verschwiegen sei nicht, daß das Reflexivum *mir* in der Handschrift C als *mit* zu lesen ist, ein Buchstabe *r* am Wortende sieht im Vergleich anders aus.[22] Der schreiberische Vorausblick auf das *mit* nach der *gotheit* kann das erste *mit* evoziert haben, entweder um ein *mir* zu verschreiben oder um es überhaupt hierherzusetzen, wenn auch unkorrigiert – der Satz wäre ohne *mir* nicht ganz so kühndogmatisch, aber korrekt (*und diu gotheit mit der macht so meisterlich dur swummen*). Der ganze Gedanke ist mir aus einer läppischen Verschreibung nicht zu erklären. Der ganze Gedanke ist in W genau umgekehrt: Da ist es die Gottheit, die mit ihrer Macht so meisterlich das Ich durchschwommen hat. Die Gottheit, die damit die Jungfrau zur Jungfrau *mare* gemacht hat. Der unproblematische Satz von W ist nicht annähernd so interessant wie der von C, ich möchte sagen: nicht annähernd so frauenlobisch. Wenngleich poetisch keine Durchschnittsware. Ich denke, hier schon kann ich sagen, was mir seit meiner Arbeit an Frauenlob, besonders UFL in C und W, klargeworden ist: Beide Schreiber, der in C und der in W sind auch Autoren, die wenigsten Abweichungen sind als Fehler erkennbar, fast alle Abweichungen von der Form, einer Idealform, gehen eher zugunsten des Gedankens, als daß sie als Erfüllung oder Versaubeutelung einer frauenlobischen Form wirkten.

Nun zu den Versen 5, 6 und 7:

5 ich kan ůber das gebirge/| zů herten herzen komen/
ich kann über das Gebirge zu harten Herzen kommen,
ich kann vbir daȥ gebirge herten hercȥen kumen|
ich kann über das Gebirge harten Herzen kommen,

6 vñ mit d^s ſele ſchaf| ich mines friedels frumen/
und mit der Seele schaff ich meines Liebsten Frommen
vnd mit der ſele ſchaff ich mineȥ vrideiȥ vrvmen
und mit der Seele schaff ich meines Liebsten Frommen

7 des han ich dien| beinen mangen geiſt genomē·
so hab ich den Gebeinen manchen Geist genommen.
deȥ han ich| ab den pinen manchen geiſt genvmen
so hab ich von den Peinen manchen Geist genommen.

In Vers fünf noch einmal das Bergmotiv: übers Gebirge gelangt das Ich zu harten Herzen, es wird nicht gesagt, wer die wären, wohl aber, daß sie jenseits des Gebirges erreichbar sind. Das Gebirge ist der GA Anlaß, auf die UFL-

[22] Ein *r* zu *t* verlesen/verschrieben finde ich in UFL I, 4, 2 (vgl. die Hs. fol. 399va, Digitalisat sieh Anm. 14): hsl. *kelt* statt wahrscheinlichem *kel*r (vgl. vorn S. 95f.).

Stelle 13, 6 zu verweisen und auf das Hohelied 4, 6 sowie Lukas 1, 39. Spätestens hier mag ich mich des Eindrucks nicht erwehren, daß das Wörterphilologie ist, die mit technischen Mitteln wie Konkordanzen nach Wortentsprechungen sucht, und weniger Textphilologie, die versucht, Zusammenhänge zu erkennen und zu verstehen. Selbstverständlich weiß der Mediävist, daß er bei der Suche nach Herkunfts- oder Assoziationsstellen aus der Heiligen Schrift in die Vulgata schauen muß. Und da sehe ich mir unterschoben, daß die frauenlobzeitgenössische Vulgärsprache die lateinischen Belegstellen mit Selbstverständlichkeit auch als »Jungfrau übers Gebirge«-Stellen verstanden habe. Der Verweis auf 13, 6 führt zu: *ich zog*[23] *über das gebirge hin·*, in dem Kommentar zu dieser Stelle steht mit dem ausdrücklichen Verweis auf die Herkunft: »*Nach Cant. 4, 6:* [...] vadam ad montem myrrhae et ad collem turris, *und nach Luc. 1, 39:* Exurgens autem Maria [...] abiit in montana [...].« Die Differenzen zwischen Frauenlob und den Vulgatastellen sind in dem zweimaligen Wörtchen »nach« versteckt. Auch die Kontexte, aus denen hervorgeht, daß in Cant. 4, 6 nicht die Schöne des Hohenlieds spricht, sondern der Geliebte, der in seinem Lobpreis für die Schöne sagt, daß er zum Myrrhenberg und zum Weihrauchhügel gehen werde, und daß Luc. 1, 39 Maria aufbricht in jenen Tagen und fortgeht in die Berge, um in eine Stadt in Judäa zu eilen. Mag sein, daß nicht nur mittelalterliche, sondern überhaupt menschliche Erinnerungen von solchen Punktassoziationen angeschubst werden – überprüfen wird sich das nicht lassen. Was wir prüfen können ist, wohin die möglichen Assoziationen geführt haben, was aus ihnen entstanden ist. Ich denke, die Verweise geben kaum mehr her, als wenn ich an »Sneewittchen über den Bergen«[24] denke. Wichtig in Vers fünf ist, wie der Prozeß im Selbstloblied von Frauenlobs Ich funktioniert, wichtig ist: ›ich kann‹, ›ich kann kommen‹, ›ich kann zu harten Herzen kommen‹, ›ich kann über das Gebirge zu harten Herzen kommen‹.

Ob mit Vers sechs, in C wie in W, eine Konsequenz daraus bezeichnet ist, oder additiv eine weitere Fähigkeit der Sprechenden, bleibt offen. Es kommt der Geliebte wieder ins Gedicht, und das, was für ihn gut ist, schafft das Ich, in einem neuen Schöpfungsakt, mit einem interessanten Werkzeug, über das

[23] Das *g* sieht mir aus, als wäre es aus einem ersten Abstrich zu einem *h* geschrieben (vgl. das *c* fol. 400va). Die Hohelied- und Lukasverweise zu 13, 6 bei Pfannmüller (sieh Anm. 17) vertauscht (dort S. 62).

[24] Brüder Grimm, *Kinder- und Hausmärchen*. Ausgabe letzter Hand mit den Anmerkungen der Brüder Grimm, [...] herausgegeben von Heinz Rölleke, Stuttgart (Philipp Reclam jun.) 1980, hier S. 272.

nichts weiter gesagt wird, nicht einmal, zu wem es gehört: der Seele.[25] Ist die Seele, als abstrakter Singular, eine aus der Gruppe der harten Herzen herausgelöste? Ist *der* ein Genitiv Plural und bezieht sich zurück auf die harten Herzen?[26] Rätselhaft bleibt Vers sieben, ob er final oder kausal angeschlossen ist, kann ich nicht entscheiden, und die gewichtige Abweichung zwischen C und W kann ich nicht erklären: Manchen Geist hat das Ich genommen, wohl weggenommen, vermutlich eine Wohltat für das je betroffene Objekt. Beide Objekte sind mir nicht erklärbar, die Gebeine in Handschrift C so wenig wie die Peinen in Handschrift W. Burghart Wachinger übersetzt W (Edition der GA) mit »So hab ich aus den Qualen manchen Geist befreit.« Also manchen Geist von den Qualen weggenommen. Zu diesem Vers haben die Anmerkungen der GA nicht den kleinsten Einfall, auch der Kommentar Wachingers nicht. Weils so einfach zu verstehen ist? Sind die *pine* von W die Höllenpeinen, und ist *mancher geist* so mancher Verdammte? Den die Jungfrau erlöst hat? Ist der Weggenommene die Seele von Vers sechs, mit der des Liebsten Konto erhöht wird? Oder ist *geist* ein böser Geist, einer aus der Teufelssippschaft, der von den Peinen, von dem Peinigen abgezogen wurde? Was aber machen wir aus den *beinen* in C? Daß die *bones*, die Knochen, kein Verallgemeinerungspräfix *ge-* haben, ist kein Problem. Wie aber kommt es zu dem vokalischen Lautstand? Die alemannische Handschrift führt, jedenfalls in *Unser Frauen Leich*, keine bairische Diphthongierung durch (also *pîn* zu *pein*, oder *bein* zu *bain*), auch nicht hin und wieder. Sollte hier, ausgerechnet hier, ein einziges Mal die Diphthongierung einer Vorlage ausnahmsweise übersehen und nicht rückgängig gemacht worden sein? Hat der C-Schreiber *bein* für besser gehalten als *pin*? Und damit eine der Auferstehungsphantasien erzeugt: So manchen bösen Geist von den auf das Gericht wartenden Gebeinen genommen? Oder haben wir auch auf diese Weise eine Erklärung der Seele, mit der Ich des Geliebten Nutz und Frommen erschafft? Haben wir mit einer frühen Teilung der Überlieferung in eine *bein-* und eine *pin*-Gruppe zu rechnen (wobei C vielleicht die einzige Vertreterin der *bein*-Gruppe ist)? Wieder meine ich: Was die (populär)theologischen Vorstellungen angeht, stehen sich die beiden Versionen in nichts nach.[27]

[25] »Jede gewonnene Seele vermehrt den Ruhm Christi.« So Wachingers Kommentar zu 20, 6, S. 868 (vgl. Anm. 11). Ist das tatsächlich, was der Text sagt?

[26] So die GA zur Stelle 20, 6.

[27] Wie Ludwig Pfannmüller sagt, »macht die Überlieferung von C öfters den Eindruck größerer Ursprünglichkeit als [die Handschriften, D.p.] ELf, sodaß sie von deren Übergewicht trotz ihres schlechten Zustandes doch nicht erdrückt wird«, vgl. L. P. (sieh Anm. 17), hier S. 47. Helmuth Thomas insinuiert, wie in Absetzung von Pfannmüllers Einschätzung der Handschrift C als »voll zahlloser Verderbnisse und wunderlicher Unformen« (L. P., S.

Hora fugit. Ich will noch eine bemerkenswerte Differenz zwischen C und W in den Versen 30/31 ansprechen:

30 alſus ich menſchlich goͤtlich wart·|
Grad so ich, menschlich, göttlich ward,
alſuſt ich mentſchlich gotlich wart
Grad so ich, menschlich, göttlich ward,

31 ia menſchlich goͤtlich das hat er gerichē/|
ja, menschlich göttlich, das hat er zustandgebracht.
ia gotlich mentſchlich| daȝ hat her getichen
ja, göttlich menschlich, das hat er zustandgebracht.

Die voraufgehende Selbstbeschreibung wird zusammengefaßt und das Erstaunliche durch Wiederholung bestätigt: *alsus ich menschlich götlich wart, ja, menschlich götlich, das hat er gerichen!* ›Grad so ich, menschlich, göttlich ward, ja, menschlich göttlich, das hat er zustandgebracht.‹ Eine Schwierigkeit in Vers 31 ist das Partizip *gerichen*. Es weist auf ein starkes Verb *rîchen/rîhen* und heißt so etwas wie ›verknüpfen, auf einen Faden reihen‹, vielleicht auch übertragen ›auf die Reihe kriegen‹. Der Idealgrammatik nach müßte es allerdings im Partizip Grammatischen Wechsel zeigen und *gerigen* heißen. Wir müssen also mit Ausgleich eines Grammatischen Wechsels rechnen, eines Grammatischen Wechsels, der in den deutschen Sprachen seit dem Althochdeutschen und so auch im Mittelhochdeutschen keineswegs regelhaft und stabil ist, für verschiedene Verben der Klasse Ib in den verschiedenen deutschen Sprachen durchaus unterschiedlich.[28] In der GA finde ich keine Erklärung des Worts, auch bei Wachinger nicht, es steht ja auch nicht in der für die Strophe gültigen Leithandschrift. Freilich wäre ein *t* einer Vorlage durchaus als *r* zu verlesen, wenngleich in C *r* und *t* gemeinhin genau geschieden sind.[29] Ein Verb *tîchen/tîhen* steht an entsprechender Stelle in Vers 31 in W (*getichen*). Es bedeutet

47; vgl. Thomas, S. 27): »Nächst der maßgebenden Überlieferung des Frauenleichs in W macht der Text in C jedoch öfter den Eindruck größerer Ursprünglichkeit als die anderen Überlieferungen dieses Werks.« H. T., *Untersuchungen zur Überlieferung der Spruchdichtung Frauenlobs*, Leipzig (Akademische Verlagsgesellschaft) 1939, hier S. 27. Ich denke, zuweilen macht C den Eindruck größerer Ursprünglichkeit als W selbst.

[28] Vgl. Hermann Paul, Mittelhochdeutsche Grammatik, 25. Auflage, neu bearbeitet von Thomas Klein, Hans-Joachim Solms und Klaus-Peter Wegera, mit einer Syntax von Ingeborg Schröbler, neubearbeitet und erweitert von Heinz-Peter Prell, Tübingen (Max Niemeyer) 2007, §§ M 74–76, S. 248–251, wo *rîhen* ›zusammenhalten‹ nicht eigens erklärt ist, dafür ist ein starkes Verb *rîchen* ›beherrschen‹ genannt.

[29] Vgl. vorn S. 115, Anmerkung 22.

›schaffen, ins Werk setzen‹. Für dieses Verb muß die selbe Erklärung des fehlenden Grammatischen Wechsels gelten wie für *gerichen* in C. Das Partizip in C ist sicher die gesuchtere Form, was nicht heißen muß, daß sie die frauenlobischere ist. Ähnliches gilt für die Stellung der Wörter *menschlich* und *götlich* in den beiden Versen der beiden Handschriften. Während in C die Aussage durch Wiederholung der Folge der Adjektive verstärkt und bekräftigt wird, erzeugt die Umkehrung der Folge in W eine Verstärkung durch einen neuen Gedanken: nicht nur menschlich wird in göttlich verwandelt, sondern göttlich in menschlich – einerseits dogmatisch-wörtlich in dem Kind Jesus; da aber das Kind hier gar nicht genannt ist, sondern die Ichfigur von sich spricht, bekommt die Jungfrau Kindsmutter eine Struktur wie ihr Sohn, erfährt eine Verwandlung vom Göttlichen ins Menschliche. Hier, könnte man sagen, hat W den kühneren Gedanken. *gerichen* und *getichen* reimen in C wie in W auf die Partizipien *durchslichen* (26), *abgestrichen* (27) und *entwichen* (29).

Ich breche meine Handschriftenanalyse und -interpretation hier ab. Mir ist klargeworden, daß eine Rekonstruktion von Frauenlobs *Unser Frauen Leich* wie die von Pfannmüller oder Stackmann oder Bertau eine Sache ist, die ihren Reiz und ihre Nützlichkeit hat. Mir ist auch klargeworden, daß wir historisch-editorisch Handschriften-Frauenlobe brauchen, nicht nur bei *Unser Frauen Leich* einen C- und einen W-Frauenlob, wenigstens. Eine virtuelle Edition mit handschriftlicher Vielfalt könnte völlig neue Zugänge zu den Texten möglich machen. Mit entsetzlich viel Arbeit.

Mir ist aber ein Haufen Probleme noch nicht klargeworden, das sei zum Schluß bekannt. In allem Bemühen, jede Kleinigkeit einer Handschrift als so gemeint zu verstehen, frage ich mich bei unsern Wörtern ›verlesen‹, ›versehen‹, ›verschreiben‹, ›verwechseln‹, und was dergleichen Bezeichnungen für Fehlleistungen in Handschriften sind, immer, was die Abweichungen von einem vermuteten oder erkennbar anderen Gemeinten, die Fehler nämlich, die ihrerseits zuweilen bis zu einem Ergebnis von Unsinn führen können, wohl bedeuten mögen, was für Menschen die Abschreiber gewesen sind, was für eine Abschreibermentalität sie gehabt haben. Was hatten die für eine Mnemotechnik? Haben Schreibzeichen für die eine andere Bedeutung als für uns? Sind Schreibzeichen für sie immer noch Zauberzeichen? Göttliche Zeichen? Ist ihnen das mehr oder weniger gelungene Nachschreiben der Zeichen wichtiger als deren Funktion, einen Sinn auf Dauer festzuhalten? Gibt es Schreiben ohne Verstehenwollen? Sind mittelalterliche Schreiber Handwerker mit Handwerkerverstand, die ihr Handwerk tun, so gut sie es verstehen, für die Planung aber nicht wie der Meister die Verantwortung tragen? Ist eine Gehirnarbeit, die einem Autorverhalten nahekommt, beim Abschreiben nicht unmöglich, auch nicht untersagt, vielleicht gewünscht, aber doch nicht unerläßlich?[30]

Was das Autorhafte angeht oder das Autorenhafte, kann mich außer der Suche nach den möglichen individuellen Regeln, meinethalben im religiösen Wahnsystem, am meisten interessieren, wie die Dichter-Schreiber-Hörer-Leser schöpferisch mit dem Chaos umgehen. Es kann mich interessieren, wie sie gestalterisch mit rezipierten Mustern umgehen, wie sie den Geist oder die Geister hernehmen und fortnehmen von den Peinen und den Gebeinen. Ludwig Pfannmüller, der sich durchaus Gedanken macht, was für ein Dichtermensch Frauenlob im historischen Zusammenhang der Mariolatrie gewesen ist, nennt dessen *Marienleich* – vielleicht von einer eher gelehrt-entrüsteten als einer fröhlich-spielerischen Warte aus – geradezu »offenkundig pathologisch«.[31]

[30] Ich weiß von einem Verlag, der vor Jahrzehnten am liebsten Setzerinnen aus Jugoslawien ohne Deutschkenntnisse beschäftigte, weil die die wenigsten Setzfehler machten. Sie konnten den zu setzenden Text gar nicht mitdenken.

[31] Pfannmüller (sieh Anm. 17), gleich auf der ersten Seite des Vorworts (unpaginiert VII).

Abkürzungen

Anm.	Anmerkung
Bd./Bde.	Band/Bände
bes.	besonders
Bl.	Blatt
Cant.	Canticum canticorum
cgm	codex germanicus monacensis
cod. ser. nova	codex seria nova
cod. vind.	codex vindobonensis
cpg	codex palatinus germanicus
ders.	der selbe
Diss.	Dissertation
D.p.	Dietmar peschel
f. (ff.)	folgende Seite(n)
fol.	folio
Hs.	Handschrift
hsl.	handschriftlich
hrsg.	herausgegeben
Jhd.	Jahrhundert
Laa.	Lesarten
Luc.	Lucas
mhd.	mittelhochdeutsch
Ms.	Manuscriptus
Nachdr.	Nachdruck
nhd.	neuhochdeutsch
Nr.	Nummer
O	*Otnit*
o. J.	ohne Jahr
Pers.	Person
Präs.	Präsens
r	recto
S.	Seite
ser.	seria
Sing.	Singular
Sp.	Spalte
s. v.	sub verbo
s. v. a.	so viel als
u.	und
v	verso
vgl.	vergleiche
v. u. Z.	vor unsrer Zeitrechnung

Dank

Danken möchte ich Katja und Simon Rentsch für treuliche Unterstützung beim Rausfinden, wie mein neuer Rechner an welcher Stelle gehen könnte.

Danken möchte ich den Herausgeberinnen und Herausgebern der Studien zur Historischen Poetik, daß sie dies Buch gebilligt haben.

Danken möchte ich der Mitherausgeberin Sonja Glauch für die Hilfe beim Layout, die sie geduldig und nachsichtig gegeben hat, auch wo Word 2013 für den Drucksatz eher schwierig bis unbrauchbar ist.

Danken möchte ich den Freunden und Kollegen vom Internationalen Mediävistischen Colloquium, die einander immer noch freundlich und geduldig zuhören und nicht zurückhalten mit kritischen Gedanken und ermutigenden Vorschlägen.

Danken möchte ich den Studierenden, den Anfängern wie denen, die kurz vor ihrem Abschluß stehen, die sich immer wieder einlassen auf die ebenso mühselige und langwierige wie vergnügliche Arbeit an Texten und über Texte, auch wenn sie nicht aussieht wie prüfungsrelevant oder -förderlich.

Danken möchte ich den Erlanger Kolleginnen und Kollegen, die mich gerne ertragen als Mitlehrenden wie als Mitsuchenden, wiewohl ich längst zu den Alten zähle, nicht zu den Jungen.

Danken möchte ich besonders meinen Freunden und Freundinnen Hagen Fernuni, Pani Kattac Ken, Botani Kerchef, Karrie Reknick, Lotte Rietisch und Rosenka Valier, die stets aufs Neue meine Neugier anstacheln und meine Selbstzweifel beruhigen.